Die freie Schule

in der freien Schulgemeinde

Andreas Möckel

Die freie Schule

in der freien Schulgemeinde

Andreas Möckel

Herausgegeben von Anna, Maria und Katharina Möckel

Reihe: bentheim:heilpädagogik

Band 1

Reihenherausgeber: Dr. Wolfgang Drave, Dr. Michael Weis

edition bentheim

Würzburg 2021

Bibliografische Information der Deutschen Nationalbibliothek

Die Deutsche Nationalbibliothek verzeichnet diese Publikation in der Deutschen Nationalbibliografie; detaillierte bibliografische Daten sind im Internet über http://dnb.dnb.de abrufbar.

1. Auflage, Erscheinungsjahr: 2021

Print: 978-3-948837-08-2

E-Book: 978-3-948837-09-9

DOI: 10.36195/978-3-948837-09-9

Barrierefreier Satz: blista e.V.

Coverdesign: Ulrike Pichl (Werbeagentur wildweiss GmbH)

Lektorat: Dr. Wolfgang Drave

Ohmstraße 7, D-97076 Würzburg

www.edition-bentheim.de

Widmung / Danksagung Förderung

Der „Kammer für Bildung und Erziehung, Kinder und Jugend" der Evangelischen Kirche in Deutschland (EKD) gewidmet.

Die Umsetzung der Barrierefreiheit erfolgte mit freundlicher Unterstützung der blista Marburg.

Vorwort der Reihenherausgeber zur (barrierefreien) Schriftenreihe bentheim:heilpädagogik

Die edition bentheim ist ein Geschäftsteil der gemeinnützigen Johann Wilhelm Klein-Akademie GmbH. Der Fachbuchverlag wurde 1985 von Dr. Wolfgang Drave in Würzburg gegründet. Die Ergebnisse eines Forschungsprojekts zur Integration blinder und sehbehinderter Kinder waren die Inhalte der ersten Veröffentlichungen. Die edition bentheim wurde nach dem Gründer der Blindeninstitutsstiftung 1853, Graf Moritz zu Bentheim-Tecklenburg benannt.

In der Schriftenreihe **bentheim:heilpädagogik** erscheinen Arbeiten aus dem Feld der allgemeinen Heil-, Sonder- und Inklusionspädagogik. Veröffentlichung aus diesem Themenkomplex haben eine lange Tradition in der edition bentheim und ergänzen unseren inhaltlichen Verlags-/Programmschwerpunkt (Pädagogik bei Blindheit/Sehbehinderung).

Besonders hervorzuheben ist, dass alle Publikation der Reihe zum einen als gedrucktes Print-on-demand-Buch und zum anderen als barrierefreies E-Book erscheinen. Im Sinne der Inklusion und des Universal Design war es uns dabei wichtig, bei der Produktion der Bücher kein separates Format für blinde und sehbehinderte Leserinnen und Leser zu entwickeln. Stattdessen wollten wir unsere Bücher, die bislang nur Menschen ohne Einschränkungen im Sehen zugänglich waren, so aufbereiten, dass keine oder nur wenige Hürden die Lektüre erschweren oder verhindern. Hierzu zählen u. a. eine barrierearme Schriftart in ausreichender Schriftgröße beim gedruckten Buch sowie die allgemeinen Chancen, die ein E-Book bietet (Vergrößerung, Nutzen eines Screen-Readers, etc.). Möglicherweise geht die Umsetzung mit kleineren Kompromissen für alle Zielgruppen einher, wir glauben aber (und freuen uns darüber), dass uns die Umsetzung insgesamt gut gelungen ist.

An dieser Stelle wollen wir uns der blista Marburg für die umfangreiche Unterstützung bei der Umsetzung der Barrierefreiheit sowie der Entwicklung einer barrierefreien Formatierungsvorlage für unsere Autorinnen und Autoren bedanken.

Wir wünschen Ihnen eine spannende Lektüre!

Dr. Wolfgang Drave und Dr. Michael Weis

Herausgeber der Schriftenreihe

Danksagung der Herausgeberinnen

Für diese Veröffentlichung haben wir viel Zuspruch und Unterstützung erfahren. Trotz abnehmender Kräfte arbeitete unser Vater bis zuletzt an diesem Manuskript. Die Herausgabe bei der edition bentheim war geplant, dort lag im November 2019 eine erste Version vor. Unser Vater wollte sich noch austauschen mit niederländischen Schulleitern. Auch hatte er noch ein Interview mit Herrn Siegfried Gminder für Anfang Dezember geplant. Herr Gminder war Mitbegründer der Freien Evangelischen Schule Reutlingen, langjähriger Vorsitzender des Trägervereins und des Verwaltungsrates der Schule und erhielt für sein Engagement im Jahr 2020 das Bundesverdienstkreuz.

Es war uns wichtig, die Herausgabe dieses Manuskripts zu ermöglichen. Unseren Eltern Andreas und Anneliese Möckel fühlen wir uns in Dankbarkeit verbunden.

Wir danken Professor Dr. Stephan Ellinger für seine Hilfe und Beratung, Dr. Wolfgang Drave und Dr. Michael Weis von der edition bentheim für die ermutigende Begleitung, Ursula Pfeffer für das Korrekturlesen und Professor Dr. Annette Scheunpflug für die freundliche Aufnahme und die Einführung.

Anna, Maria und Katharina Möckel

Einführung und Dank

(Annette Scheunpflug)

Der hier vorliegende Band „Die freie Schule in der freien Schulgemeinde" von Andreas Möckel ist der Kammer für „Bildung und Erziehung, Kinder und Jugend" der Evangelischen Kirche in Deutschland (EKD) gewidmet. Diese Widmung wurde durch den Autor wenige Tage vor seinem Tod verfügt. In einem Schreiben an die Vorsitzende der Kammer hatte er ausgeführt, was für ihn die Motivation für diese Widmung war. Wenige Tage nach Absenden des Briefes verstarb Andreas Möckel im Alter von 92 Jahren. Eine Antwort auf die Widmung oder gar die Eröffnung eines Austausches mit ihm über seine Gedanken war also leider nicht mehr möglich.

Nach einer Ausbildung zum Lehrer in Baden-Württemberg wurde Andreas Möckel 1961 mit einer Arbeit zur Schulpolitik des Deutschen Lehrervereins promoviert. Er arbeitete als Assistent im Ausbildungsseminar für Förderschullehrkräfte und später als Dozent für Geschichtsdidaktik und Allgemeine Pädagogik an der Pädagogischen Hochschule in Reutlingen. 1969 übernahm er dort eine Professur für Sonderpädagogik. Von 1976 bis 1992 hatte Andreas Möckel den Lehrstuhl für Lernbehindertenpädagogik an der Julius-Maximilians-Universität Würzburg inne. Als einer der Nestoren der Heilpädagogik hat er den Aufbau und die Entfaltung dieser wissenschaftlichen Disziplin in Deutschland maßgeblich beeinflusst.

In seine Reutlinger Zeit fällt die Gründung und der Aufbau der „Freien Evangelischen Schule Reutlingen", für die er sich sehr engagierte. Er verstand sie als einen Versuch, die Idee einer „Freien Schule in einer freien Schulgemeinde" nach Friedrich Wilhelm Dörpfeld (1824 – 1893) in der heutigen Zeit Realität werden zu lassen. Dörpfeld war Rektor der Lutherischen Pfarrschule in Wuppertal; er gründete 1857 die Zeitschrift das „Evangelische Schulblatt" und engagierte sich in der Gründung des Deutschen Evangelischen Schulvereins. Als frommer Protestant und engagierter Herbatianer veröffentlichte Dörpfeld die Idee einer „Freien Schule in einer freien Schulgemeinde". Die Schule müsste, so seine Überlegungen, zwar staatlich finanziert, aber in ihrer Struktur durch die Eltern, die Schulgemeinde und das unmittelbare Umfeld – also weder durch den Staat noch durch die

Kirchenverwaltung – getragen und in ihrem pädagogischen Konzept verantwortet werden. Diese Idee einer freien evangelischen Schule ist die Basis für die Gründung der Freien Evangelischen Schule Reutlingen. Diese Idee einer „Freien Schule in einer freien Schulgemeinde" wird von Andreas Möckel nun nach über vierzig Jahren in diesem Band nochmals entfaltet und angesichts der heutigen gesellschaftlichen und schulpolitischen Situation bilanzierend reflektiert. Folgende Gedanken sind es, die diesen Ansatz und das hier vorliegende Buch kennzeichnen.

Für Andreas Möckel steht das Verständnis einer an den Bedürfnissen des Kindes orientierten Pädagogik im Mittelpunkt. Die Schule sei von den Kindern und deren Familien aus zu denken. Damit eng verbunden sieht er das Recht der Eltern auf Mitbestimmung der pädagogischen Kontexte. Angeregt durch das Ideal der „freien Schulgemeinde" nach Dörpfeld entwickelt Andreas Möckel Überlegungen für das Verhältnis von Schule und Staat im 21. Jahrhundert. Schulen sollen „wie gute Familien" „ermutigen, Selbstvertrauen zu geben" (Kapitel 2). Er plädiert für den „Souverän der Eltern" (Kapitel 4) in der Verwaltung der Schule – unter Kooperation mit den Lehrkräften und der lokalen Umgebung. Er moniert, „dass im 21. Jahrhundert der Geist staatlicher Lenkung im Schulwesen zu viel Platz einnimmt" (Kapitel 2). Das Profil einer Schule, zu erkennen an der „gelebten pädagogischen Konzeption" (Kapitel 1), sei bei Schulen in staatlicher Trägerschaft häufig nicht hinreichend expliziert. Hingegen würden Freie Schulen in nicht staatlicher Trägerschaft der Eltern eine Profilierung durch die Schulgemeinde nicht nur ermöglichen, sondern diese geradezu herausfordern.

Für Andreas Möckel ist es von Bedeutung, die Schule im Kontext einer freien, demokratischen Gesellschaft zu verankern und mit dieser als eine demokratisch organisierte Schulgemeinde in ein Wechselverhältnis zu bringen. Vor diesem Hintergrund sei auch die religiöse Sprachfähigkeit zu stärken. Diese sieht der Verfasser in einem unmittelbaren Bezug zu einer demokratiebezogenen Bildung und zur gesellschaftlichen Partizipation im lokalen Umfeld.

Im Sinne eines solchen Bezuges auf die Demokratie ist auch der Titel der Schrift zu verstehen: die freie Schule, die weder dem Staat noch der Kirche verpflichtet ist, sondern alleine dem Gewissen, den Überzeugungen und den Entscheidungen der Eltern folgt, die jedoch – und das ist Andreas Möckel wichtig – auf dem Boden der in der Verfassung beschriebenen Grundwerte stehen und agieren müssen. Er unterstreicht deshalb explizit das „demokratische Reformpotenzial" einer freien Schule. Die „Schulgemeinde" umfasst im Denken von Andreas Möckel also die die Schule umgebende Welt, das Zusammenspiel der Bildungslandschaft und die Anerkennung und Förderung der Bedeutung nicht nur formaler, sondern auch informeller und non-formaler Bildungsmodalitäten im umgebenden Sozialraum. Die hier vorliegende Schrift endet mit einem engagierten Plädoyer für Schulen in nicht staatlicher Trägerschaft.

Dem Verfasser war klar, dass ein solches Verständnis von Schule noch nicht verwirklicht sei. Vielmehr, so machte er in seinem Brief zur Widmung des Bandes an die Kammer deutlich, benötige diese Idee weiter der Kräfte vieler; denn diese „Aufgabe ist für einen einzelnen politisch viel zu groß". Andreas Möckel hat mit der Widmung seiner Schrift an die Bildungskammer der EKD das Engagement für eine subjektorientierte evangelische Bildung, die Förderung und Unterstützung von Schulen in evangelischer Trägerschaft bzw. der Unterstützung des Elternwillens für die Wahl einer Schule sowie das schulische Eintreten für Demokratie und freiheitliche Bürgerrechte unterstreichen wollen. Mit dieser Widmung wollte er sicherlich sein Plädoyer diesem kirchlichen Fachgremium übereignen und seine Überlegungen damit in den Raum der Kirche zurückbinden.

Die Kammer für Bildung und Erziehung hat sich in ihrer Vergangenheit immer wieder für die von Andreas Möckel beschriebenen Werte eingesetzt. Mit ihren Ausführungen zu „Schulen in evangelischer Trägerschaft. Selbstverständnis, Leistungsfähigkeit und Perspektiven" (EKD 2008) wurde unter anderem die Bedeutung von Schulen in nicht staatlicher Trägerschaft für die Zivilgesellschaft, die Unterstützung der elterlichen Erziehung und das Recht auf freie Religionsausübung herausgestellt. Die Bedeutung religiöser Bildung für den Umgang mit Pluralität wurde in der Denkschrift „Religiöse Orientierung gewinnen - Evangelischer Religionsunterricht als Beitrag zu einer pluralitätsfähigen Schule" dargelegt (EKD 2014). Mit seiner Orientierungshilfe zur Inklusion (2014) hat sich der Rat der EKD zur Bedeutung einer Schule für alle und der Bildung in einer vernetzten, inklusiven Bildungslandschaft positioniert. Die Bedeutung, die Andreas Möckel einer auf Demokratie bezogenen religiösen Bildung zuschreibt, wurde seitens der Kammer erst vor Kurzem für die schulische wie außerschulische religiöse Bildung in dem Dokument „Impulse für die demokratiebezogene Bildungsarbeit in kirchlichen Handlungsfeldern" herausgestellt (EKD 2020).

Ich danke Andreas Möckel für diese Widmung und sehe sie als Plädoyer und Ermutigung, die genannten Werte auch in Zukunft immer wieder auf neue gesellschaftliche Entwicklungen hin zu durchdenken.

Bamberg, im November 2020

Annette Scheunpflug, Vorsitzende der Kammer für Bildung und Erziehung, Kinder und Jugend der EKD

Literatur zur Einführung

EKD (2020): Demokratie, Bildung und Religion: Gesellschaftliche Veränderungen in Freiheit mitgestalten. Impulse für die demokratiebezogene Bildungsarbeit in kirchlichen Handlungsfeldern. EKD Texte 134

EKD (2014): Religiöse Orientierung gewinnen. Evangelischer Religionsunterricht als Beitrag zu einer pluralitätsfähigen Schule. Eine Denkschrift des Rates der Evangelischen Kirche in Deutschland, Gütersloher Verlagshaus, Gütersloh.

EKD (2014): Es ist normal, verschieden zu sein. Inklusion leben in Kirche und Gesellschaft. Eine Orientierungshilfe des Rates der Evangelischen Kirche in Deutschland. Gütersloher Verlagshaus, Gütersloh.

EKD (2008): Schulen in evangelischer Trägerschaft. Selbstverständnis, Leistungsfähigkeit und Perspektiven. Gütersloher Verlagshaus, Gütersloh

Vorwort

(Andreas Möckel)

Diese Schrift ist dadurch angestoßen worden, dass ich um einen Beitrag für ein Themenheft gebeten wurde. Es ging um die „soziale Benachteiligung" in den Pflichtschulen. Auf die ungewollte Benachteiligung weisen Erziehungswissenschaftler und Soziologen seit Jahrzehnten hin. Die Öffentlichkeit weiß spätestens seit den Pisa-Untersuchungen davon. Eine Gegenmaßnahme könnte es sein, Eltern und Lehrerinnen und Lehrer stärker als bisher an der Gestaltung der Schulen zu beteiligen und hierbei die gesellschaftlichen Kräfte der Kommune mit einzubinden. Darauf hat Gottfried Gerhard Hiller mit Nachdruck hingewiesen. Die Eltern sind die nächsten Erzieher ihrer Kinder oder sollten es sein. Die meisten Erziehungsberechtigten wünschen, dass es ihren Kindern in der Schule gut geht und dass sie nach ihrem vollen Begabungspotential Fortschritte im Lernen machen. Die kleinen Personen, die ihre Kinder sind, sollen zu Jugendlichen heranreifen, die ihr Leben führen können. Damit Kinder und Jugendliche das erreichen, gibt es die gesetzliche Schulpflicht und Primar- und Sekundarschulen. Zugleich haben die Eltern während der ganzen Schulzeit, die Personensorge für ihre Kinder und die Pflicht, sie zu erziehen.

Der Lehrberuf ist in den Schulen der Schulpflicht immer anspruchsvoller geworden. Lehrerinnen und Lehrer können heute besser beurteilen als zur Zeit der Seminargründungen vor zweihundert Jahren, wie Schulen zu gestalten sind. Es gibt außerdem neue gesellschaftlich bedingte Herausforderungen, die es geraten sein lassen, gesellschaftliche Ressourcen der außerschulischen Erziehung auf kommunaler Ebene für die Schularbeit zu nützen. Kommunen, Familien und Schulen sollten institutionell verbunden werden, um die Lebensführung Jugendlicher zu festigen.

Friedrich Wilhelm Dörpfeld hat schon vor rund 150 Jahren einen genial einfachen Vorschlag dafür gemacht. Es macht nachdenklich und zugleich ungeduldig, dass sein Vorschlag in Deutschland von den politisch Verantwortlichen nicht schon längst aufgegriffen worden ist. Dörpfeld verdient einen Ehrenplatz in der Reihe derer, welche die Demokratie in Deutschland vorbereitet haben. Mit Recht wird die Tendenz der Eltern, ihre Kinder in private Schulen zu schicken, mit Misstrauen betrachtet. Diese Tendenz spaltet die Wirkung der Pflichtschulen; denn sie lässt eine erste und eine zweite Klasse von Primarschulen entstehen und schwächt dadurch die sozialpädagogische Intention der Grundschule. Dörpfeld forderte, vereinfacht gesagt, für die Volksschulen die gleichen Rechte, die in unserer Zeit die Privatschulen haben: die Auswahl der Lehrerinnen und Lehrer durch die Schule selbst und die Gestaltung eines Schulprofils durch die nächsten Erzieher – Eltern und Schulen. Es ist für die Länder der Bundesrepublik einfach, allen Schulen mit schulpflichtigen Kindern die gleichen Rechte wie den Privatschulen zu geben. Die Kosten wären gering, die Wirkung nachhaltig. Die Verantwortlichen, Parteien, Parlamente, Kultusministerien müssten es nur wollen und tun. Eltern, Lehrerinnen und Lehrer und die Kommunen können Pflichtschulen als ihre Angelegenheit gemeinnützig verwalten. Die Eltern, Lehrerinnen, Lehrer und die Kommunen tragen durch ihre Arbeit die Schulen im Rahmen der Gesetze schon jetzt. Wenn man sie aus der pädagogischen Vormundschaft der Bundesländer – unbeschadet der Rechtsaufsicht der Kultusministerien – entlässt, kann das die Demokratie und den Gemeingeist stärken, die Kreativität in den Lehrerkollegien im Rahmen der Gesetze freisetzen und gesellschaftliche Kräfte, die pädagogisch relevant sind, auf lokaler Ebene aktivieren. Niemand wird bestreiten, dass die Demokratie gestärkt werden sollte, wenn sich das durch die Verstärkung der Zusammenarbeit anbietet.

Neue-alte Vorschläge werden in der Öffentlichkeit ungern gehört, auch wenn sie Notwendiges ansprechen. Eine einzelne Stimme verhallt schnell. Ich widme diese kleine Schrift der „Kammer für Bildung und Erziehung, Kinder und Jugend" der EKD mit der Bitte, Dörpfelds Vorschlag der „freien Schule in einer freien Schulgemeinde" Gehör in der Öffentlichkeit zu verschaffen.

Würzburg, im Dezember 2019

Andreas Möckel

Inhaltsverzeichnis

1 Schulverwaltung, Schulaufsicht und Schulgestaltung

1.1 Einleitung

Laut Bildungsbericht der Bundesregierung gab es im Schuljahr 2006/07 insgesamt 36.305 allgemeinbildende Schulen, von denen sich 2.867 in freier Trägerschaft befanden. Im Schuljahr 2016/17 gab es in Deutschland nur noch 33.484 allgemeinbildende Schulen, aber die Zahl der Schulen in freier Trägerschaft war auf 3.622 gestiegen.[1] Jede zehnte Schule in Deutschland hat demnach einen freien Träger. In der Bundesrepublik Deutschland liegt die Kulturhoheit bei den sechzehn Bundesländern. Zur Kulturhoheit gehören unter anderem die Schulgesetzgebung und die Schulverwaltung. Vom gesetzlichen Rahmen und der staatlichen Schulverwaltung ist die Gestaltung des Schullebens zu unterscheiden. Die Verwaltung und Beaufsichtigung von Schulen ist nicht schon die Schulgestaltung. Zur Schulgestaltung gehören vier Aufgaben: (1) Die Konstitution der Schule nach Recht und Gesetz, (2) die Organisation des örtlichen Schulunterrichts, (3) die Aufstellung und Überwachung der örtlichen Schulordnung und (4) die örtliche Pflege und Gestaltung der ganzen Schulzeit, also jeder Schulstunde, jedes Schultags, jeder Schulwoche, jedes Schuljahres. Machen wir uns zunächst die Bedeutung der Pflichtschulen für den Staat und für die Gesellschaft bewusst.

1.2 Die Bedeutung der Schulpflicht für die Gesellschaft und den Staat

Das Schulwesen hat seit etwa drei Jahrhunderten in allen europäischen Staaten einen starken Aufschwung genommen. Die Schulsysteme der europäischen Staaten

[1] Der Bildungsbericht der Bundesregierung (2018) ist im Internet zugänglich. Die Zahlen sind den Tabellen S.265 und 266 entnommen.

mögen sich im Einzelnen und im Niveau voneinander unterscheiden, in einer Beziehung sind sie überall gleich: Ein effektives Schulwesen ist für jeden funktionierenden Staat unentbehrlich. Alle Organe der Verwaltung, das Gerichtswesen, die Gesetzgebung, die Wirtschaft, der Handel, der Verkehr, die Industrie, alle Künste, das Militär usw. sie alle wollen fachlich gut ausgebildete Mitarbeiter. Damit diese ausgebildet werden können, müssen Kinder und Jugendliche zu allererst einmal lesen, schreiben und rechnen lernen und sich ein Basiswissen und Basiskompetenzen aneignen. Alle Kinder müssen lernen, diszipliniert und überlegt zu arbeiten, um neue Situationen der Berufsbildung und danach Anforderungen in den vielen, oft neuen Berufen zu bewältigen. Aus unmündigen Schulanfängern müssen Staatsbürger werden, die wissen, dass sie Staatsbürger sind und danach handeln. Wie ihre politische Haltung entsteht, hängt von der Familie, vom Jahrgang und von außerschulischen Miterziehern ab, aber in nicht geringem Maße auch von der Schule. Ebenso vielfältig sind die Umstände und Bedingungen, unter denen Herzensbildung und Menschenbildung gelingt. Familien und Schulen haben das nicht ganz in der Hand, aber trotzdem kommt es auf sie an.

Mit dem Basiswissen müssen die Jugendlichen nach der Schulzeit erst recht noch lange Wege gehen, bis sie anerkannt sind und am politischen, gesellschaftlichen und am Arbeitsleben teilnehmen können und etwas zu sagen haben. Es ist großartig, wenn es gelingt, mutige und unternehmungslustige junge Menschen zu erziehen, die kreativ denken und fähig sind, mit andern zusammen zu arbeiten und sich weiter zu bilden.

Wenn die Jugendlichen halberwachsen die Primar- und Sekundarschulen verlassen, schreiben sie das Erreichte gerne sich selbst, ihrem Talent und ihrem Fleiß zu und übersehen darüber, dass Familie und Schule sie acht Jahre und länger mit der Muttersprache bekleidet haben. Sie haben den Grund für ihre Bildung gelegt und – bildlich gesprochen – mehr oder weniger geduldig die geistigen Windeln gewaschen. Die sprachlichen Hassergüsse im Internet werden nicht zufällig als „schmutzig" und als Zeichen misslungener Erziehung empfunden. Viele Kinder und Jugendliche müssen vor ihrem Übermut und vor sich selbst und vor anderen geschützt werden, wenn sie ausprobieren, wer sie selbst sind. Sie haben auf ihrem Weg, selbständig zu werden, leibliche, seelische und geistige Wachstumsschmerzen und bereiten anderen Schmerzen zu.

Die Erziehung betrifft Haltungen und Einstellungen, früher sprach man kürzer von Charaktererziehung. Das muss als Aufgabe der Schule neben dem Erwerb von Wissen und Kompetenzen ausdrücklich genannt werden. Ein gutes Schulwesen begleitet und stabilisiert die Erziehung in den Familien. Gelungene Erziehung in der Familie und in der Schule ist eine unerlässliche, wenn auch nicht die einzige Bedingung für den Wohlstand und für das geordnete Zusammenleben in Stadt und Land.

Die Wissensbildung und die Erziehung zur Aufgeschlossenheit und zur Selbstdisziplin in der Grundschule und in der Sekundarschule, beides scheint eine geringe Mühe und leicht erreichbar zu sein. Erst die Gegenprobe kann die Augen dafür öffnen, wie kostbar für jedes Land eine gelungene Schulbildung der schulpflichtigen Kinder und Jugendlichen ist. Manche Jugendliche entgleisen vor oder in der Pubertät. Die familiäre und die Schulerziehung haben dann wenig erreicht. Ein heute naheliegendes Beispiel: Wenn in Großstädten oder in ganzen Regionen Jugendarbeitslosigkeit herrscht und daher die Schülerinnen und Schüler, im Wissen um ihre geringen Berufschancen, zu maulen beginnen statt zu lernen, bekommen nicht nur die Eltern, sondern auch die Städte massive Probleme. Manche Jugendliche gewöhnen sich an den Gedanken, von staatlicher Unterstützung und von gelegentlicher Schwarzarbeit zu leben. Mit der Jugendarbeitslosigkeit und schlechter Ausbildung ist Kleinkriminalität verbunden. Stadtviertel können vergammeln und unwohnlich werden. Vorort-Schlägerbanden entstehen aus kleinen Anfängen.

Gefährdete Jugendliche – das ist zwar ein altes Lied, aber die Größe der Aufgabe von Familien und Schulen ist neu. Die komplizierten, gesellschaftlichen Strukturen und Übelstände erzeugen Druck. Die Jugendlichen müssen dennoch sensibilisiert und immunisiert und handlungsfähig gemacht werden. Um es an einem Beispiel zu zeigen. Demokratie muss gelernt werden, trotz einer Welt mit einem freien

Arbeitsmarkt ohne Anstellungsgarantie. Das ist schwer. Die Angebote und die Reklame-Verheißungen von einem Leben in Fülle mit schönen Reisen, mit Freizeitspaß und reichlich Konsum kontrastieren mit der Unsicherheit am Arbeitsplatz, mit sozialer Zugluft und mit einem weithin grassierenden Mangel an Vertrauen in die Zukunft.

Nur langsam schreitet die Selbstverpflichtung des Staates voran, die im Grundgesetz (GG) Artikel 72, ausgesprochen ist, „Gleichwertigkeit der Lebensverhältnisse". Dieses schwer zu erfüllende Versprechen spaltet die Generationen indirekt. Eine Generation erzieht die andere. Diese Aufgabe der Erziehung kann keine Generation abweisen, und dazu gibt es Familien, medizinische Vorsorgeuntersuchungen, frühkindliche Horte, Kindergärten und Schulen. Es gibt keine Ehehindernisse mehr wie noch im 18. Jahrhundert. Leider gibt es stattdessen, was logisch wäre, auch keine pädagogisch-psychologischen Vorsorgeuntersuchungen. Wie soll Erziehung gelingen, wenn den Jugendlichen das Leben nach der Schule gar nicht lebenswert erscheint und die Generationenaufgabe der Erziehung mit Mächten außerhalb der Familien und der Schulen zusammenhängt? Diese gesellschaftlichen Mächte sind sich ihrer Einwirkung auf die Erziehung oft nicht bewusst. Wenn die Arbeitswelt in einer Region in Trümmer fällt, wird es zu einer Sisyphos-Arbeit, die Lebenszuversicht der Jugendlichen zu stärken. Die regionale „Ungleichheit der Lebensverhältnisse" wird zur „Ungleichheit der Erziehungsverhältnisse".

Jede Initiative zur Teilhabe am gesellschaftlichen Leben benötigt eine Basis von Schulbildung und Selbstdisziplin, die sich gerade in Zeiten der Ungewissheit bewähren muss. Eine gute Schulbildung und eine belastbare Selbstdisziplin sind doppelt notwendig – für die Jugendlichen selbst und für die Gesellschaft. Auch dafür ein einfaches Beispiel: Die Benutzung und die Pflege eines städtischen, selbstverwalteten Jugend-Treffpunktes erfordert einen Sinn für Verantwortung. Die Einrichtung steht allen offen. Sie funktioniert nur, wenn sich die Erziehung der Jugendlichen gegebenenfalls auch gegen Altersgenossen, denen alles egal ist, bewährt. Die Bewährungsprobe – erzogen oder unerzogen – ist in dieser Übergangszeit nicht gering, selbst wenn der Treffpunkt unter der Aufsicht eines hauptamtlichen Mitarbeiters steht. Empathie und Charakter sind gefragt. Wenn das Lokal verwahrlost, geht es nicht nur um den materiellen Schaden, sondern auch darum, dass sieben Jahre der Erziehung in der Familie und neun Jahre Erziehung in der Schule und in der Familie widerlegt sind, salopp ausgedrückt, für nichts waren.

Umgekehrt ist es, wenn die Selbstverwaltung gelingt. Dann haben die Jugendlichen die Bewährungsprobe ihrer Erziehung zur Selbständigkeit in einer kleinen Gemeinschaft bestanden. Es ist eine gute, pädagogische Maßnahme, wenn hauptamtliche Sozialarbeiter in dieser Phase den Jugendlichen beistehen. Die Jugendlichen sollen sich wie erzogene Erwachsene benehmen. Damit vollenden die Kommunen die Jahre der Schul- und Familienerziehung. Die höhere und stärkere politisch-pädagogische Ebene kommt in einer wichtigen Lebensphase der untergeordneten politisch-pädagogischen Ebene der Familien- und Schulerziehung zu Hilfe. Einsparungen an dieser Stelle richten einen Schaden an, der in Euro nicht beziffert werden kann.

Was geschieht, pädagogisch gesehen, wenn Jugendliche nach der Grundschule und nach der Sekundarstufe entgleisen oder – grob ausgedrückt – andauernd gezinkte Karten für das Spiel und den Ernst des Lebens benützen? Pädagogisch betrachtet liegt das daran, dass sie gesellschaftlich zugelassene und bereitgestellte Wege von gesellschaftlich unerwünschten Wegen nicht unterscheiden können. Was sind gesellschaftlich zugelassene und bereitgestellte Wege? Anerkannte Wege sind beispielsweise Berufsausbildungen in attraktiven oder auch weniger attraktiven Gewerben, Vereine aller Art, Chöre, politische oder kirchliche Jugendorganisationen, freiwilliger Zivildienst, die Gründung einer Musikband, einer Theatergruppe, wenn von der Begabung her möglich, auch eine weiterführende Schulausbildung usw. Zur Verwahrlosung kommt es, wenn Jugendliche mit sich nichts anzufangen wissen, zugleich aber die elterliche Leitung und die gesellschaftlichen Angebote ablehnen. Sie sind in dieser Phase trotzdem empfänglich für Autoritäten, aber nur, wenn sie diese selbst wählen können. Das berauschende Gefühl, frei wählen zu können, kann dann aber paradoxerweise in eine fragwürdige Erziehungs-Abhängigkeit führen, die größer ist als die von Familie und Schule.

(1) Initiativlosigkeit hinsichtlich gesellschaftlich zugelassener Angebote,

(2) Absage an die eigene Familie und

(3) Unfähigkeit anerkannte Wege zu erkennen und zu gehen,

diese drei Bedingungen ergeben eine gefährliche Mischung, wenn Jugendliche sich ihrer Kraft bewusstwerden. Manche Jugendliche lernen erst im Jugendgefängnis einen Beruf, der ihnen den Einstieg in den Arbeitsmarkt ermöglicht. Mit anderen Worten: Die Familie und die Schule konnten den Jugendlichen nicht zeigen, dass die gebahnten Wege in den Beruf und in die Gesellschaft gut für sie sind. Man muss sich das klarmachen: ein Gefängnisaufenthalt, der gar nicht dafür gedacht ist, wirkt als eine teuer erkaufte „unstetige Erziehungsform".

Es geht in diesem Essay nicht um extreme Jugendkarrieren und um herunter gekommene Stadtteile, in denen Jugendbanden das große Wort führen. Der Hinweis auf die Jugendverwahrlosung soll nur unterstreichen, dass die kombinierte Familien- und Schulerziehung im Europa der strengen Schulpflicht eine kostbare und zugleich gefährdete Errungenschaft der Neuzeit ist. Im 19. Jahrhundert hieß es: Gründet Schulen und ihr könnt Gefängnisse schließen. Daran ist auch heute noch etwas Wahres. Der Spruch muss aber ergänzt werden. Familien- und die Schulerziehung allein genügen für die Erziehung in vielen Fällen nicht mehr. Schule und Familie müssen sich in den Kommunen mit professionellen, außerschulischen Erziehern und mit erziehungsrelevanten Einrichtungen vernetzen. Wenn es erlaubt ist, in diesem Zusammenhang das Wort Amt zu gebrauchen: Es ist an der Zeit, die Amtshilfe der drei Ämter, „der Kommune", „der Schule" und „der Familie", gerade weil sie selbst nur noch rudimentär existiert, neu zu organisieren und zu befestigen. Darum geht es, und das meint „freie Schulen in einer freien Schulgemeinde". Die Zeit der Erziehung bis zur Strafmündigkeit soll in diesem Essay im Mittelpunkt stehen. Die Strafmündigkeit liegt in der Bundesrepublik beim vollendeten vierzehnten Lebensjahr.[2]

[2] "Schuldunfähig ist, wer bei Begehung der Tat noch nicht vierzehn Jahre alt ist" (StGB § 19).

Die Notwendigkeit einer möglichst stabilen Konstitution der Schulen ist leicht einzusehen. Die Grundschule eines Landes kann nicht mit jedem Regierungswechsel einmal vier Jahre, ein andermal sechs Jahre dauern, und die Wochenstundenzahl oder die Bemessungsgröße der Schulklassen kann nicht mit jeder Partei, welche gerade die Regierung stellt, immer wieder wechseln. Das ist soweit verständlich. Viel komplizierter ist es zu verstehen und zu beschreiben, was ein inspirierendes „Schulleben" ist und bedeutet. Familie und Schule sollen Jugendliche so weit bringen, dass sie ihr Leben selbst führen können. Wie machen Schulen das und warum ist es schwerer, das „Schulleben" als das „Familienleben" zu fassen?

1.3 Drei Aufgaben der Pflichtschulen

Die Lehrerinnen und Lehrer werden alle staatlich geprüft, bevor sie mit einer Klassenführung betraut werden. Zur Führung einer Klasse gehören drei Aufgaben: die Erziehung, der Unterricht und die Herstellung und Aufrechterhaltung der Ordnung im Klassenzimmer. Johann Friedrich Herbart nannte diese drei Aufgaben Unterricht, Zucht (womit er Erziehung meinte) und Regierung (d. h. Einhaltung der Disziplin, damit Unterricht und Erziehung überhaupt stattfinden können). Herbart berücksichtigte nicht, dass das Einhalten der Schuldisziplin auch eine Erziehungsmaßnahme sein kann; denn sie gewöhnt Kinder entweder an Schlamperei oder an Zuverlässigkeit. Das muss man heute sehr wohl zu einer guten oder schlechten Schulerziehung hinzuzählen, obgleich es nur eine Bedingung für den Unterricht, aber nicht den erziehenden Unterricht selbst bedeutet.

Jede staatlich geführte Schulklasse hat ein eigenes Leben und eine eigene Geschichte; von einer Schule im Ganzen dagegen kann man das meistens nur schwer sagen. Die Addition vom Unterricht in vier oder sechs Schulklassen erscheint im Rückblick als „die" Schule. Die Klassenlehrerin verbringt die meiste Zeit mit den Kindern und ist den Schülern und Schülerinnen vertraut. Sie kennt ihre Vornamen und Nachnamen. Sie bereitet die Arbeit der Kinder vor, überwacht selbständiges Lernen oder führt in neue Unterrichtsinhalte ein. Eine gute Lehrerin versucht den Kindern Freude zu machen und achtet zugleich streng darauf, dass die Arbeitszeit nicht verplempert wird. Die Lehrerin gliedert und gestaltet den Vormittag. Die Erfahrung lehrt sie, was geht und was nicht geht. Sie ist für alles, was in der Klasse geschieht, verantwortlich und relativ frei, wenn sie den Lehrplan umsetzt, ein Schulbuch verwendet, den Stundenplan und die Wochenpläne zusammenstellt; denn sie hat auf das Fassungsvermögen der Kinder ihrer Klasse zu achten. Das kann nur sie; und das können Schulräte und Ministerialbeamte aus der Ferne ihr nicht abnehmen.

Die Schulverwaltung überprüft von Zeit zu Zeit, ob die Fortschritte im Wissen und Können hinter dem Durchschnitt zurückbleiben, ihm entsprechen oder sogar vorauseilen. Von Klasse zu Klasse gibt es Unterschiede. Ein wichtiger Unterschied besteht darin, ob Kinder die Schule mit Freude oder nur missmutig erfahren. Sie wechseln vom Familienleben nach dem Frühstück und nach dem Gang zur Schule Tag für Tag in das Schulleben, ob es ihnen gefällt oder nicht. Eifrige oder missmutige, gutgelaunte oder missgelaunte Kinder – dieser Unterschied spielt bei der Überprüfung der Unterrichtsergebnisse eine geringe Rolle. Die Freude oder das Leiden an der Schule ist stichprobenhaft schwer zu prüfen. Die Erziehungswissenschaft hat zwar schon lange herausgearbeitet, was die gute Lehrerin ausmacht (z.B. Flitner und Scheuerl 1967; Betzen und Nipkow 1972). Jede Klasse unterscheidet sich aber durch diese und andere, hier nicht aufgezählte Unterschiede und hat ein eigenes Leben. Die Schulklasse bestimmt in öffentlichen Schulen das „Wir". Sie steht in den Augen der Eltern und der Kinder für die Schule. In den privaten Schulen bezieht sich das „Wir" stärker auf die Schule im Ganzen. Was ist dann das Schulleben der ganzen Schule?

1.4 Das Profil einer Schule

Nähern wir uns dieser Frage in zwei Schritten. Gibt es das Schulleben, das über den Klassenunterricht hinausgeht? Und wenn ja, kann man das Schulleben gestalten oder ergibt es sich von selbst? Was „Schulleben" ist, lässt sich durch einen Vergleich zwischen Staatsschulen und Privatschulen klären. Privatschulen, wie „Waldorf-

Schulen" oder „Montessori-Schulen" und viele andere unterscheiden sich von staatlichen Schulen. Es gelten zum Teil unterschiedliche Unterrichtsmethoden, aber auch ein unterschiedlicher Umgang mit den Schülern und den Eltern. Beides gibt den Schulen ihr unverwechselbares Flair. Sehen wir näher hin. Es geht erstens um das Konzept oder um das Profil der Schule und zweitens um das Verhältnis der Eltern zur Schule.

(1) Das Schulprofil. Der besondere Zuschnitt privater Schulen ist ihr Profil. Private Schulen unterrichten nach Montessori, nach Peter Petersen, nach Celestin Freinet, nach Rudolf Steiner, nach Helen Parkhurst (Dalton-Plan) oder nach anderen Grundsätzen und sie werben damit. Die staatlichen Schulen dagegen haben scheinbar kein Profil. Aber das stimmt nicht. Es fehlt nur das Bewusstsein, woher ihr Profil kommt. Dass der Klassenunterricht in staatlichen Schulen nach Lernleistung in aufsteigenden Schuljahren geordnet ist, stammt, kurz zusammengefasst, aus dem Barockzeitalter. Damals entdeckte Amos Comenius (1592-1670) die großen Vorteile, die eine belehrende Ansprache aller Kinder einer Altersstufe haben kann.[3] Ein Jahrhundert später brachte der Pietismus ein neues Moment in den Schulunterricht ein. Der Pietismus ist mit den Namen Jakob Spener (1635-1705) und August Hermann Francke (1635-1727) verbunden. Sie reformierten das Theologiestudium an den Universitäten.[4] Die Unterrichtsmethode in den Schulen des Pietismus lockte durch mehr oder weniger geschickte Fragen Schülerantworten hervor. Im Vorfeld der Französischen Revolution fanden Pädagogen die Vorteile durchdachter, wohlangeordneter Lehrpläne (Bloth 1972). Im 19. Jahrhundert kamen die Formalstufen im Klassenunterricht auf. Die Schüler Johann Friedrich

---

[3] In der Großen Didaktik im Kapitel 32 „Die vollkommene allgemeine Schulordnung" (S.208-214) führt er den Vergleich zwischen den Vorgängen beim Buchdruck und einer von ihm vorgeschlagenen Schulordnung konsequent durch. Die reformierte Schule der Zukunft vergleicht Comenius mit der Rationalität eines gut durchdachten Druckvorgangs.

[4] Jakob Spener und August Hermann Francke waren Erneuerer der evangelischen Kirche. Der Protestantismus war nach der Reformation Martin Luthers in einer strengen Orthodoxie erstarrt. Spener und Francke führten das Studium der Evangelien in der griechischen Originalsprache ein. Die „Seminare" sollten Pflanzstätten des lebendigen Glaubens sein.

Herbarts (1776-1841), nicht er selbst, versuchten, pädagogische Lerngesetze einer guten Unterrichtsstunde festzulegen. Die Formalstufen gliederten zeitlich den Frontalunterricht bei Einführungen neuer Themen nach gleichem Muster, Stunde für Stunde.[5] Sie „artikulierten" die Unterrichtsstunden nach einem festen Schema, an die Lehrerinnen und Lehrer sich hielten. Die barocke Schulkonstruktion in (1) festgelegten Klassen mit Klassenzielen, (2) Lehrplan, (3) Stundentakt mit (4) vorgegebener Artikulation, gilt abgewandelt und aufgelockert heute noch. Die Vorstellung der Kinder von dem, was „Schule" ist, wird daher stärker durch diese Merkmale, weniger durch die gesamte Schulzeit und den Lernort bestimmt. Die Unterrichtsstunde ist ein festes Maß für das staatlich festgelegte Pensum, dem Lehrer und Lehrerinnen sowie Kinder unterworfen sind. Schüler und Schülerinnen können nach diesem System in einem Fach „durchfallen", im anderen nicht, wenn sie das Klassenziel eines Faches erreicht oder nicht erreicht haben. Das thematisch festgelegte Schulziel ist identisch mit den Zielen jeder Klasse und schließlich mit dem Ziel der letzten Schulklasse.

Man kann die staatlichen Schulen in Analogie zu den Privatschulen nach ihrem Profil – holzschnittartig formuliert – als Comenius-Francke-Herbart-Schulen bezeichnen. Die Formalstufen spielen heute zwar keine Rolle mehr, der Stundentakt und die Artikulation der Stunde aber immer noch. Das ist auch nicht zu tadeln; denn jede Stunde muss gegliedert werden und nimmt einen bestimmten Verlauf. Viele Lehrerinnen und Lehrer in den staatlichen Schulen wünschen sich dazu jedoch reformpädagogische Elemente und probieren, soweit das möglich ist, Ansätze wie „offenen Unterricht" oder „Epochenunterricht" in ihren Klassen aus. In einem „offenen" Unterricht oder im „Epochenunterricht" geht die Artikulation einer Unterrichtsstunde oder der Wochenplan nicht allein von der Lehrerin aus, sondern folgt auch dem Arbeitsrhythmus des einzelnen Kindes, eindrucksvoll organisiert in Montessori-Schulen oder Jenaplan-Schulen.

---

[5] Zum Beispiel Karl Volkmar Stoy (1815-1885), Tuiskon Ziller (1817-1882), Wilhelm Rein (1847-1929)

Johann Amos Comenius, August Hermann Francke und Johann Friedrich Herbart darf man selbstverständlich nicht mit den Trümmern ihrer Pädagogik gleichsetzen. Sie begründeten den Schulunterricht im Sinne der Verantwortung von Familie und der Schule (Eltern, Lehrerinnen und Lehrer) für das „Heil" der Schüler, während heute eher die Auffassung herrscht, dass die Chancengleichheit gewährleistet sein muss und jedes Kind seines Glückes Schmied ist. Das Bewusstsein eines menschlich-missionarischen Erziehungsauftrags ist längst abhandengekommen. Erhalten hat sich das Formale des Schulaufbaus. Das Verständnis dieser Klassiker der Pädagogik verdient es, erneuert zu werden. Das könnte die Schulen vom bloß Hergebrachten befreien. Ihnen ging es nicht um die äußere Organisationsform der Schule. Diese war nur Mittel zum Zweck. Der Zweck der Schule bestand bei ihnen nicht nur im Lehrplanwissen.[6]

(2) Auch das Verhältnis der Eltern zur Schule unterscheidet private und staatliche Schulen. Die privaten Schulen werden nicht zu 100 Prozent vom Staat oder von den Kommunen erhalten. Sie müssen daher Schulgeld fordern oder Sponsoren mobilisieren oder beides. Schulgeld zahlen zu müssen, mobilisiert Eltern, die an der Schule ein gesteigertes Interesse haben. Das führt jedoch auch zu einer sozialen Auswahl, die die privaten Schulen zwar meistens nicht wollen, aber in Kauf nehmen. Die Eltern werden vom Profil der Schule und von ihrem Ruf angezogen. Das Verhältnis der Eltern zu Privatschulen soll nicht verklärt werden. Aber die Wahl einer privaten Schule ist ein Vertrauensbeweis und zeigt zustimmendes Wohlwollen an. Die Schule wiederum dankt den Eltern ihre Wahl, indem sie alles tut, damit die Schüler Fortschritte im Lernen machen, sich persönlich angesprochen fühlen und in den Ferien oder am Mittagstisch gut von der Schule sprechen. Das Wohlwollen der Eltern und ihre Bereitschaft, ihre Kinder anzumelden, garantieren das Bestehen der Privatschulen. Die Schulen hängen von den Eltern ab, und nicht die Eltern von den Schulen. Die Eltern der staatlichen Primarschulen und Sekundarschulen

---

[6] Ich selbst habe lange geglaubt, die Privatschulen hätten ein Profil, die staatlichen Schulen dagegen nicht. Ist dieses Vorurteil abgetan, lässt sich besser erkennen, worum es bei der Konstitution der Schulen geht.

können nicht wählen. Die Kinder werden nach Schulsprengeln eingeschult. Staatliche Schulen füllen sich auch ohne die Wahl und das Wohlwollen der Eltern.

Zudem geht die Gründung privater Schulen oft nicht nur von Lehrerinnen und Lehrern, sondern auch von Eltern aus. Auch das begründet ein erhöhtes Interesse der Eltern an der Schule. Von einer privaten Schule, besonders in der Zeit ihrer Gründung, gilt es mehr als von einer staatlichen Schule, dass sie „unsere Schule" heißen kann. Die Eltern der staatlichen Schulen haben kaum das Gefühl, dass sie die zugewiesene Schule immer wieder neu begründen. Es scheint, als biete der Staat seine Dienste an, um die Eltern von der Sorge um den Erhalt der Schulen zu entlasten. Staatliche Schulen erleben daher eher distanzierte, zuweilen auch nörgelnde Eltern.

1.5 Privat und öffentlich

„Privat" und „öffentlich" habe ich eben in der Annäherung an das Schulleben immer wieder wie selbstverständlich gebraucht. Die Unterscheidung beruht jedoch auf einem Vorurteil. Der Wortsinn führt in die Irre. Die privaten Schulen sind nicht nur „privat", sondern auch „öffentlich" und die „öffentlichen" auch „privat". Privatschulen sind kein gesperrter Weg, der öffentlich nicht zugänglich wäre.

Zunächst lässt der Staat die privaten Schulen zu und kontrolliert sie. Zudem sind sie allen Kindern, die angemeldet werden, zugänglich, wenn die Eltern das Profil der Schule bejahen. Die privaten Konfessionsschulen nehmen Kinder auch anderer Konfession auf. Die Eltern der Kinder staatlicher Schulen werden nicht danach gefragt, ob sie zustimmen. Die Zustimmung wird stillschweigend vorausgesetzt. Die Abhängigkeit vom Geldbeutel liegt nicht in der Konstitution der privaten Schulen. „Öffentlich" und „privat" unterscheiden sich nicht durch das Schulgeld. Im 19. Jahrhundert zahlten alle Eltern Schulgeld, aber die Schulen waren deswegen nicht privat. Die Armenschulen oder die Freischulen ohne Schulgeld waren deswegen nicht öffentlicher als die Schulen mit Schulgeld.

Die staatlichen, öffentlichen Schulen wiederum sind insofern „privat", als jedes Bundesland durch Verordnung Unterrichtsfächer und Lehrpläne, bis hin zum verordneten Volksliedsingen einführen kann. Lehrer öffentlicher Schulen sind von den mehr oder weniger „privaten" Einfällen neuer Kultusminister nicht immer erbaut, müssen das Aufgegebene jedoch vollziehen. Es gibt sogar einen Unterschied, der private Schulklassen eher öffentlich macht, dagegen öffentliche Schulklassen privat erscheinen lässt. In Jenaplan-Schulen oder in Montessori-Schulen usw. müssen Lehrerin und Lehrer wissen, was der Kleine Jenaplan ist und was die Arbeitsmittel Maria Montessoris sind und sich an allgemeine Regeln, die in der ganzen Schule gelten, halten. Die Eltern wissen, was ihre Kinder in der Schulklasse zu erwarten haben. Wer ins Kollegium eintritt, muss sich an das von der Schule vorgegebene Schulkonzept halten. In öffentlichen Schulen dagegen machen die einzelnen Lehrerinnen und Lehrer in ihren Klassen, salopp gesagt, jeweils ihr Ding. Die privaten Schulen sind in ihrem Profil für jedermann öffentlich, sichtbar und einheitlich, die öffentlichen dagegen sind privat (im Wortsinn: abgetrennt), undurchschaubar und uneinheitlich. Zur Beurteilung der Schulverfassung, um die es in diesem Essay geht, liegt der Unterschied zwischen privaten und öffentlichen Schulen ganz wo anders.

Die Schulkonzeption der staatlichen Schulen ist dadurch gekennzeichnet, dass jede Klassenlehrerin auf sich allein gestellt ist. Das Kollegium gestaltet die Schule nicht gemeinsam, so dass sie die Geschlossenheit und Wirksamkeit einer Reformschule erreichen könnte. Kein Profil ist jedoch auch ein Schulprofil. Dieses „uneingestandene Profil" eines Ganzen, das aus Teilen besteht, die nicht immer zusammenpassen, wird den Eltern und den Kindern, und selbst den Lehrerinnen und Lehrern meist nicht bewusst.

Ob eine Schule sich ein Profil geben kann oder nicht, das unterscheidet private und öffentliche Schulen tiefgreifend. Die privaten haben das Recht auf ein Profil, die öffentlichen sind gezwungen, das Comenius-Francke-Herbart-Profil zu perpetuieren, aber ohne den Geist dieser pädagogischen Riesen. Ihr Geist hat sich im Sturm der Aufklärung und der Französischen Revolution verflüchtigt. Das Schulleben einer Schule, die Sorge der Eltern für den Weg ihrer Kinder und das

Schulprofil gehören zusammen. Die Eltern tragen durch die Wahl der Schule zur Profilbildung bei. Das Schulleben und der Geist einer Schule sind an der gelebten, pädagogischen Konzeption (in der Einzahl) zu erkennen und zu messen. Heute müsste in der Konsequenz der grob skizzierten Linie des Comenius-Francke-Herbart-Profils die allgemeine, öffentliche Schule eine Schule der Ökumene und der offensiv vorgetragenen Menschenrechte sein. Von der Ökumene und von den Menschenrechten lassen sich Schülerinnen und Schüler nur begeistern, wenn Lehrerinnen und Lehrer sich davon begeistern lassen. Die Eltern wiederum müssten wissen, dass sie mit dem Eintritt ihrer Kinder in diese simultane Bekenntnisschule und in die Schule der Menschenrechte ihre Bereitschaft erklären, ihre Kinder zuhause gleichsinnig zu erziehen. Eltern sowie Lehrer und Lehrerinnen müssten dieses Profil zusammen unisono vertreten und mit Leben erfüllen. Dann wären die öffentlichen Schulen hinsichtlich des Schulprofils den privaten Schulen einigermaßen ebenbürtig. Noch einmal: Die Profile sind das, was Eltern anzieht oder eher fernhält.

1.6 Der Zusammenhang von Rahmengesetzgebung und Schulgestaltung

Rahmengesetzgebung und Verwaltung der Schulen einerseits und Gestaltung des Schullebens andererseits hängen miteinander zusammen. Das Verhältnis ist asymmetrisch. Die Verordnungen und Erlasse wirken stärker auf das Schulleben ein als die Notwendigkeiten der Schulgestaltung vor Ort auf die Verordnungen und Erlasse. Die Verantwortlichen in der Schulverwaltung und in der Schulaufsicht empfinden Initiative und Kreativität in Fragen der Schulgestaltung und der Schulverfassung oft als lästige Störung. Die Lehrerverbände können sich zwar besser bemerkbar machen als einzelne Schulen. Aber auch sie haben es schwer, öffentlich Gehör zu finden. Zudem sehen sie es nicht als ihre Aufgabe an, Vorschläge zum Schulprofil ausarbeiten. Die Gesetze sind Sache des Parlamentes, und die Erlasse schreiben die Kultusministerien. Beides wirkt in die Schulgestaltung hinein. Die Kultusministerien der Länder setzen das Schulrecht je auf ihre Weise um.

Nicht einmal die Kommunen haben eine Mitwirkung bei der Schulgestaltung. Städte und Großstädte sind für die Gebäude und den Sachaufwand der Schulen zuständig. Sie bringen beträchtliche Summen auf, um Schulen zu bauen, zu reparieren und die örtlichen Schulen mit einem Etat für die laufenden Kosten der Schularbeit auszustatten. Aber nur Berlin, Bremen und Hamburg haben die Kulturhoheit und könnten, wenn sie wollten, ihren öffentlichen Schulen die Rechte der privaten Schule übertragen. Großstädte wie München, Stuttgart, Wiesbaden oder Düsseldorf, geschweige denn kleinere Kommunen, haben dieses Recht nicht.

2 Das Lehramt und die Konstitution einer Schule

2.1 Vorbemerkung

Die Ansprüche an die Erziehungskompetenz der Grund- und Hauptschullehrer sind seit dem Ende des Zweiten Weltkrieges immer größer geworden. Als ich vor etwa sechzig Jahren das „Pädagogische Institut“ in Stuttgart besuchte, um mich für das Lehramt an Volksschulen zu qualifizieren, waren Baden und Württemberg noch nicht vereint. Die amerikanische Besatzungsmacht fügte die beiden nördlichen Teile zu Württemberg-Baden zusammen. Die französische Besatzungsmacht war geteilt in Südbaden und Südwürttemberg-Hohenzollern. Alle Besatzungszonen in der Bundesrepublik mussten Tausende von Flüchtlingskindern integrieren.

Wir lernten am Pädagogischen Institut, dass jedes Kind mit seinem Dialekt akzeptiert werden muss und behutsam zum Gebrauch der hochdeutschen Sprache angeleitet werden soll. Das ist keine einfache Aufgabe. Sie zwingt dazu, die Familiensprache zu berücksichtigen, ob der Lehrer sie nun beherrscht oder nicht, um die Kinder nicht zu verletzen. Heute verschärft sich dieses Problem. Viele Kinder lernen die deutsche Sprache wie eine Fremdsprache.

Neu war damals zudem das verstärkte Neben- und Miteinander der unterschiedlichen christlichen Konfessionen. Auch das hat sich heute verschärft. Es geht nicht mehr nur um evangelische und katholische Kinder, die lernen müssen, miteinander auszukommen, sondern auch um Juden, Christen, Muslime und mehr und mehr Atheisten und Gleichgültige unter den Eltern. Wenn schon die regionale, deutsche Mundart eine Aufgabe in der Schule ist, haben es Lehrerinnen und Lehrer sowie Kinder schwerer, mit außereuropäischen Kulturen umzugehen. Die Spannungen im Deutschunterricht und im Unterricht in deutscher Sprache sind größer als vor 50 Jahren.

Ein Kind lernt anders, wenn es sich in der Schule zuhause, anders wenn es sich fremd fühlt. Sechsjährige verlassen die Schutzzone von Kindergarten und Familie zum ersten Mal. Sie können den Übergang als Schock erleben oder sich freuen „dazuzugehören“. Es ist wichtig, Schulanfänger formell und in einem

Übergangsritual namentlich zu begrüßen und aufzunehmen, damit sie heimisch werden.

Die Schule muss sich am Geist einer guten und gutwilligen Familie orientieren, nicht am Geist eines arbeitsteilig organisierten Betriebes, der Gebrauchsgegenstände herstellt oder zeitweilig Dienste anbietet. Die Schule setzt die Erziehung der Familie fort. Gute Eltern schaffen ihren Kindern einen geweihten Ort, der sie ermutigt und ihnen Selbstvertrauen gibt. Die Kinder sammeln Kräfte, mit denen sie erst in der Schule und dann in der Berufsausbildung bestehen können. Gute Eltern lassen ihre Kinder nach und nach frei und behalten sie zugleich lebenslang und liebevoll im Auge. Das muss man so pathetisch sagen, gerade weil die Realität dem widerspricht und der Erziehungsstil und das Wertesystem von Familien und Staat nicht immer kompatibel sind. Manche Familien aus außereuropäischen Staaten sehen darin noch nicht einmal ein Problem. Auch eine Ein-Kind-Familie oder eine sogenannte Patchwork-Familie kann gut oder schlecht gestaltet sein. Die Schule sollte sich an den guten und integrationswilligen Familien orientieren. Wenn Eltern in einer gemischt konfessionellen Ehe leben, kann das Familienleben harmonisch und zugleich spirituell anspruchsvoll sein. Familien, in denen das Zusammenleben nicht lauwarm, sondern beseelt und geistvoll gestaltet ist, können eine Orientierung für die Schulen jeder Art sein.

Die Eltern müssen dafür sorgen, dass die Kinder die Schulpflicht erfüllen. Gewiss. Aber wenn die Schulen die Kinder in Empfang nehmen, setzen sie eine Erziehung fort, sie beginnen nicht neu. Lehrer und Lehrerinnen in Grundschulen dürfen die Eltern ihre professionelle Überlegenheit nicht fühlen lassen. Das geschieht besonders jungen Lehrerinnen und Lehrern zuweilen, ohne dass sie es wollen. Sie haben über Unterricht und Erziehung an der Hochschule mehr gelernt als die meisten Eltern, wenn diese nicht einschlägige Berufe ausüben. Die gute Zusammenarbeit mit den Eltern ist eine Aufgabe aller Schulinstanzen. Ein überlegter Umgang miteinander in der Schule und mit den Eltern trägt dazu bei, nachhaltige, intellektuelle Lernerfolge zu erzielen und angebahnte und erwünschte Haltungen und Einstellungen der Kinder zu festigen.

Wirksam zu erziehen ist auch deswegen schwieriger geworden, weil viele Berufstätige ihre Arbeit außerhalb ihres Wohnortes, manchmal sogar im Ausland suchen müssen. Angestellte werden in der heutigen Zeit mobilisiert wie früher Armeeoffiziere, wenn man sie von einer Garnison in eine andere versetzte. Die Wirksamkeit der Primar- und Sekundarschulen beruht auf der gelungenen Kombination von Schule und Familie. Die Absolventen sollen in der Lage sein, einen neuen Abschnitt in einer höheren Schule oder in einem Betrieb mit dualer Ausbildung anzutreten.

Dazuhin müssen heute die indirekten gesellschaftlichen Erziehungskräfte der Kommunen einbezogen werden. Diese Kräfte können die Bewährung der Erziehung in Familie und Schule unterstützen oder sie allein lassen. Das muss jemand verantworten. Mit einem anderen Bild gesagt: Die Zusammenarbeit mit den Kommunen kann den Resonanzraum der Familien- und Schulerziehung verstärken und vergrößern oder durch Nichtstun schwächen. Das hat mit der örtlichen Schulverwaltung und mit den örtlichen Angeboten zu tun, aber auch mit dem gesetzlichen Rahmen zur Schulgestaltung.

2.2 Schulverwaltung und Schulleben

Der Vergleich von privat-öffentlichen und öffentlich-privaten Schulen hat gezeigt, dass die Länder auf der Grundlage der Schulgesetze Schulen regeln und überwachen, aber nicht selbst gestalten können. Sie können die Schulgestaltung allerdings wirksam fördern oder wirksam hemmen. Die Administration der Länder sorgt für die Besetzung freiwerdender Lehrerstellen. Sie ernennt die Rektoren der Schulen. Sie regelt die Klassengröße und bestimmt, wann aus einer großen Klasse zwei kleinere gebildet werden dürfen. Sie ordnet an, wann die Ferien beginnen und enden. Die Schulverwaltungen der Länder erstellen Lehrpläne. Sie haben außerdem die Aufsicht über die Lehrerbildung, wenngleich bei der Auswahl der Inhalte der Lehrerausbildung die Hochschulen stärker an der Auswahl der Lehrinhalte beteiligt sind als die Schulen an den Lehrplänen. Die Hochschulen haben keine Speziallehre für private und für öffentliche Schulen, wohl aber stellen sie Schulkonzeptionen vor, welche die Lehrerinnen und Lehrer an staatlichen Schulen kaum, die privaten immer verwirklichen können.

Wie das Leben und Lernen in den Schulen im Ganzen und in den Schulklassen gestaltet wird, liegt in den Händen der Lehrerinnen, der Lehrer und der Schulleitungen. Sie haben einen Ermessensspielraum. Die Unterschiede zwischen öffentlichen Schulen untereinander sind jedoch überraschenderweise trotzdem nicht groß. Wir haben den Grund dafür kennen gelernt. Im Allgemeinen dürfte zwar gelten, dass die Klassenlehrer und Verantwortlichen ihre Möglichkeiten eher zu wenig in Anspruch nehmen als zu viel. Aber die strukturellen Hemmnisse sind offensichtlich, und die Passivität der Schulleiter und der Lehrer hat Gründe.

Wenn junge Lehrerinnen und Lehrer nach dem Studium ins Referendariat kommen, hören sie in manchen Schulen von den Älteren indirekt oder auch direkt: „Vergessen Sie alles, was Sie an der Universität gelernt haben, Sie sind jetzt in der Schule." Der frische Wind und neue Ideen, die von der Universität kommen könnten, werden abgeblockt. Die Schulen des Jahres 2020 sollen so aussehen wie die des Jahres 1920. Das ist bedrückend, aber verständlich bei dem Mangel an Gestaltungsspielraum der öffentlichen Schulen. Die drei Säulen des Schulwesens, Schuladministration, Schulpraxis und Hochschulen müssten im Zeitalter des Internets, das eine Schreib- und Spracherziehung zur Humanität dringend braucht, enger zusammenarbeiten als bisher.

2.3 Die Entstehung der staatlichen Schuldominanz

Der Volksschullehrerberuf war im 19. Jahrhundert, anders als heute, fast ausschließlich männlich geprägt und hatte eine hohe Selbstrekrutierungsquote. Zudem war die Volksschullehrerfamilie, in der jeder wusste, wie man lernt und dass man lernen muss, weitgehend auf sozialen Aufstieg in der nächsten Generation angelegt. Die europäischen Staaten begannen, die Schulpflicht zu erlassen und durchzusetzen. Dieser Vorgang erstreckte sich in Europa über zwei Jahrhunderte. Die Lehrerinnen und Lehrer in den deutschen Staaten förderten nach Kräften das

Ansehen der Primar- und Sekundarschulen und verbesserten zugleich ihre gesellschaftliche Stellung. Seit der Mitte des 19. Jahrhunderts schlossen sich Lehrerinnen und Lehrer aller Schulgattungen in Vereinen zusammen und erreichten durch die genossenschaftliche Selbsthilfe für sich, aber auch für die Volksschulen viel. Die Ausbildung war in einem strengen Sinn nicht akademisch geprägt. Die staatlichen Lehrerseminare waren ausgebaute Berufsschulen, sie boten kein Hochschulstudium. Der Wunsch nach einer akademischen Ausbildung war seit der Revolution im Jahre 1848/49 gleichwohl immer lebendig und stark. Die Lehrerinnen und Lehrer versprachen sich davon sowohl eine Standesverbesserung als auch eine Verbesserung der Schulen.

Besonders lästig war den Lehrern die geistliche Schulaufsicht. Auf dem Lande sah der Dorfpfarrer in der Schule nach dem Rechten, erwartete aber beispielsweise auch, dass am Tag der Konfirmation oder der Firmung der Lehrer an der Spitze der Konfirmanden oder der Firmlinge in die Kirche einzog. Lehrer waren oft Organisten und begleiteten Sonntag für Sonntag den Gemeindegesang. Sie leiteten die Kirchenchöre. Ich habe selbst noch als junger Lehrer in einem kleinen Dorf den Begräbnischor dirigiert. Es ist erfreulich, wenn ein Lehrer freiwillig in der Kirchengemeinde mitwirkt und sich am Gemeindeleben beteiligt. Das ist genauso erwünscht wie seine Mitwirkung in der Gemeindepolitik oder im Sportverein. Aber im 19. Jahrhundert wollten die Lehrer nicht mehr ein Teil des niederen Klerus sein.

Die geistliche Schulaufsicht der Lehrer hörte nach dem Ersten Weltkrieg auf. Aber die Lehrerinnen und Lehrer gerieten von der kirchlichen in die staatliche Abhängigkeit und blieben unter Kuratel. Den dritten Weg sahen sie nicht oder wollten ihn nicht sehen. Friedrich Wilhelm Dörpfeld hatte ihn gezeigt. Die organisierte Lehrerschaft war jedoch nicht bereit, ihn gegenüber Kirche und Staat gleichsam von unten durchzusetzen und selbst zusammen mit den Eltern mehr Verantwortung für die Schulen zu übernehmen. Die damaligen Bundesstaaten waren ihrerseits nicht bereit, die Konzentration der Schulgewalt aufzugeben und einen Teil der Befugnisse nach dem Subsidiaritätsprinzip auf die lokale Schulebene zu verlagern. Die Lehrerinnen und Lehrer erwarteten den Schutz ihres Berufsstandes vom Staat und die Verbesserung der Schulen durch eine wissenschaftlich fundierte Ausbildung. Sie trauten den 39 Kultusministerien im Deutschen Reich die Modernisierung des Schulwesens zu.

Die Entstehung und der Ausbau der Hilfsschulen in Preußen ist ein Musterbeispiel für die Wirksamkeit der Zusammenarbeit einer Lehrervereinigung mit den Kommunen und mit der Ministerialbürokratie. Die Hilfsschullehrerschaft verbesserte das Schulwesen, damals wurde das so gesehen, und hob zugleich den gesellschaftlichen Status der Hilfsschullehrerinnen und -lehrer an. Die Hilfsschulen (später Schulen für Lernbehinderte und noch später Förderschulen) sind heute in Verdacht geraten, kein geeigneter Ort für die schwächeren Kinder der Grund- und Hauptschulen zu sein. Um 1900 waren Hilfsschulen eine allgemein anerkannte pädagogische Errungenschaft. Das kleine Land Braunschweig und das große Land Preußen gingen voran.

Aber die Einrichtung der Hilfsschulen geschah an manchen Orten gegen den Protest und den Willen der Eltern. Die Schulverwaltungen bestimmten den Lernort – Volksschule oder Hilfsschule – ohne Rücksicht auf die Wünsche der Eltern. Gerichte gaben im Konfliktfall „Eltern gegen Schulverwaltung" meist den Schulverwaltungen Recht.[7] Das hat sich zwar geändert. Die Hochschulen und Kultusministerien sind heute überwiegend der Meinung, dass heilpädagogische Schulen Angebotsschulen sein sollen. In diesem Beispiel der Schulpolitik geht es um die Wirksamkeit der Zusammenarbeit Lehrerschaft-Kommune-Schulbehörde ohne die Eltern. Die erzieherische Wirkung der Zusammenarbeit kann verbessert werden, wenn Eltern nicht ausgegrenzt und Lehrerkollegien nicht unmündig gehalten werden.

Vor dem ersten Weltkrieg machte sich die organisierte Lehrerschaft für die simultane „Einheitsschule" stark. Nach dem Ersten Weltkrieg beschloss die

---

[7] Ein Urteil des Königlichen Kammergerichts: „Schwachbegabte Kinder sind zum Besuche der für sie eingerichteten Hilfsschulen, die ein Teil der öffentlichen Volksschule bilden, verpflichtet" (Centralblatt für die ganze Unterrichts-Verwaltung in Preußen. Hrsg. in dem Ministerium der geistlichen, Unterrichts- und Medicinal-Angelegenheiten, Berlin 1906, S. 445).

Deutsche Nationalversammlung die vierklassige Grundschule. Die Frage der Einheitsschule (mit acht Schuljahren) scheiterte, weil die Kirchen an den Konfessionsschulen festhielten. Der schulpolitische Streit in der Weimarer Republik ging nie um die Beteiligung der Eltern an der Schule, sondern nur um die Frage Konfessionsschule oder Simultanschule. Die Ausbildung der Lehrerinnen und Lehrer dagegen kam voran. Führende Universitätsprofessoren wie Eduard Spranger sprachen sich zwar gegen eine Ausbildung an den Universitäten aus, aber zugleich für die Abschaffung der Seminarausbildung und für die Einführung von Pädagogischen Hochschulen. Preußen gründete Lehrerakademien.

Nach dem Zweiten Weltkrieg machte sich in Fragen der Erziehung eine tiefe Erschöpfung bemerkbar. Eine „Reichsschulkonferenz" wie im Jahre 1920 gab es nach dem Zweiten Weltkrieg nicht, auch weil nach 1945 die Aufteilung in Besatzungszonen dem entgegen stand.[8] Die Kultusminister im Westen knüpften mehr oder weniger an die Zeit der Weimarer Republik an. Gedanken der Reformpädagogik tauchten wie bunte Fähnchen in einer sonst graugetönten pädagogischen Provinz auf. Ein starker schulpolitischer Reformwille zeigte sich nicht. Es herrschte in Schul- und in Schulverfassungsfragen ein restaurativer Geist. Den Eltern traute man keine demokratisch begründete Mitwirkung an der Schule zu.

Man muss feststellen, dass im 21. Jahrhundert der Geist staatlicher Lenkung im Schulwesen zu viel Platz einnimmt und der Geist der Subsidiarität fehlt. Lehrern und Lehrerinnen sind in vielen Beziehungen die Hände gebunden. Die Schulverwaltung hemmt die Schulgestaltung mehr, als dass sie Initiativen anregt und auszeichnet. Lehrerinnen und Lehrer sowie Eltern haben nur ein eingeschränktes, kein substanzielles Mitspracherecht, wenn es um die Einstellung

---

[8] Nach dem Ersten Weltkrieg organisierte der sozialdemokratische Lehrer Heinrich Schulz, Staatssekretär im Innenministerium für Bildungs- und Schulfragen, einen Kongress mit allen für die Schulpolitik relevanten Kräften in Deutschland. Nach 1945 lagen nicht nur viele Schulen in Trümmern, sondern auch die reformpädagogischen Ansätze der Weimarer Republik waren fern gerückt, und neue Impulse blieben aus.

neuer Lehrer und um das Profil einer Schule geht, anders als in der Schweiz. Gerade das Schulprofil und die Lehrerzuwahl wären aber für die Schulgestaltung bedeutungsvoll. Die Lehrerinnen und Lehrer sollten außerdem den Schulleiter oder die Schulleiterin wählen dürfen, so wie das an Hochschulen geschieht. Die Universitäten wählen den Präsidenten und kooptieren Kollegen. Die Ausdehnung dieses Prinzips würde keinen Schaden anrichten, aber viele Verbesserungen bewirken. In den Niederlanden beteiligen sich die Schulen vor Ort wesentlich stärker an der Gestaltung der Lehrpläne und der Schulen als in den deutschen Bundesländern. Es gibt dort proportional zur Einwohnerzahl mehr Montessori- und Jenaplan-Schulen als in Deutschland.

Die Schulen und Schulleitungen haben zwar einen Gestaltungsspielraum, aber von einer Professionalisierung wie beim Ärztestand kann man bei der gesetzlichen Gestaltung der Grund- und Sekundarschulen nicht sprechen. Zugespitzt: Wenn man in Deutschland eine öffentlich-staatliche Grundschule gesehen hat, kennt man alle. Die dreiteilige Struktur des deutschen Schulwesens aus dem 18. Jahrhundert gilt in den Grundzügen heute noch. Zu Schulräten werden zwar Lehrerinnen und Lehrer berufen, welche die Schulpraxis kennen. Aber Schulräte werden zur Verwaltung der Schulen bestellt, nicht zur Gestaltung der Schulen gewählt. Warum soll der Landrat ein Vertrauensamt bekleiden, der Schulrat dagegen nicht? Die Struktur der Schuladministration erinnert an die Zeit des aufgeklärten Absolutismus.

Die Schulverwaltungen der Länder wirken dadurch nicht nur auf die Schulverwaltung und Schulaufsicht, sondern auch auf die Schulgestaltung vor Ort ein und sind, vielleicht ohne es zu wollen, aber gerade deswegen wirksam. Kultusministerien und die Schuladministration haben eine große Vollmacht, ohne im eigentlichen Sinne die Schule gestalten zu können. Eltern, Lehrerinnen und Lehrer und Schulleitungen vor Ort dagegen müssen zwar das Schulleben gestalten, haben hierzu aber nur geringe Vollmacht.

Nebenbei bemerkt, werden auch die Hochschulen und Universitäten in die Schulgestaltung kaum einbezogen. Die Reformvorschläge aus der ersten Hälfte des

20. Jahrhunderts fanden an den Hochschulen mehr und mehr Gehör, in den Kultusministerien nicht. Die Kultusministerien verteidigen auch heute noch ihren Bereich harthörig. Die Geschichte des Deutschen Bildungsrates (1966-1975) ist dafür ein Beispiel. Dr. Wilhelm Hahn, Professor der Theologie und Kultusminister in Baden-Württemberg, regte ihn an. Die Bundesrepublik berief die Mitglieder. Als die Ergebnisse des Bildungsrates den Vorstellungen der Ministerialbürokratie jedoch nicht entsprachen, sprach sich nach wenigen Jahren Kultusminister Hahn für seine Abschaffung aus, die dann sogleich erfolgte.

Als Hochschullehrer in Würzburg versuchte ich 1977, die Zusammenarbeit der Universität mit einer der Schulen in der Stadt zu einer festen Einrichtung zu machen. Es sollte eine Heilpädagogische Universitätsschule geben. Das Rektorat der Schule und der Lehrstuhl für Sonderpädagogik sollten auf Dauer zusammenarbeiten können. Damals bereitete der Landtag in München gerade ein neues Schulgesetz vor. Der Kanzler der Universität Würzburg, ein politisch engagiertes Mitglied der CSU, verstand das Problem sofort und unterstützte den Vorschlag. „Natürlich", sagte er dem Sinn nach, „die Ärzte haben ihre Kliniken, die Botaniker haben den Botanischen Garten, Sie brauchen eine Schule." Er war Jurist und ehemaliger Landrat, und er dürfte die Universitätsschule von Peter Petersen in Jena oder die Laborschule von Hartmut von Hentig in Bielefeld oder eine Montessori-Schule kaum näher gekannt haben. Aber er verstand, dass ein Hochschullehrer seine Theorien in der Schulpraxis bewähren muss. Er bat mich für das Schulgesetz, das damals gerade revidiert wurde, einen Passus zu formulieren und gab ihn an das Ministerium weiter. Dort ging jedoch niemand darauf ein.

Nachdem ich auf einem pädagogischen Kongress davon berichtet hatte, kamen zwei Kollegen auf mich zu und sagten, ihnen sei es in ihren Bundesländern mit vergleichbaren Vorschlägen ähnlich gegangen. Dabei liefen alle drei Vorschläge gegen die eigene professorale Bequemlichkeit. Es ist einfacher, Projekte und Modelle in der Theorie ohne Prüfung in der Praxis vorzustellen und zu diskutieren. Im 19. Jahrhundert gab es Professoren für Innere Medizin, die nie einen Patienten selbst operiert hatten. Die Erziehungswissenschaft befindet sich fast überall in der gleichen Situation wie die Innere Medizin vor zweihundert Jahren. Man kann

Schulpädagoge an einer Universität werden, ohne eine Schule anders als mit Kinderaugen kennengelernt zu haben.

Ohne Überprüfung in der Praxis funktioniert alles, beispielsweise die „Inklusion". Ohne Überprüfung finden sich wiederum immer Argumente, um Reformvorschläge für undurchführbar zu erklären. Die Universitätsbildung der Lehrerinnen und Lehrer soll in diesem Essay nur insofern angesprochen werden, als sie die Schulverfassung zu bestimmen weiß, aber nicht bestimmen kann. Die staatliche Monopolstellung im Schulwesen darf nicht als selbstverständlich und als alternativlos angesehen werden.

2.4 Drei Lehrertypen

Ein anderes Beispiel für das in diesem Essay behandelte Problem ist die Mentalität der Lehrerinnen und Lehrer, welche durch die einseitige Dominanz des Staates erzeugt und aufrechterhalten wird. Man kann je nach Gesichtspunkt viele Lehrertypen unterscheiden. Unter dem Aspekt der Arbeitsfreude kann man drei idealtypische Gruppen erkennen.

(1) Ein Typus beginnt nach dem Studium mit Enthusiasmus und gutem Willen. Die meisten jungen Lehrer und Lehrerinnen haben Anfangsschwierigkeiten. Das ist ganz normal. Denn es ist eines, ein Kind oder eine Klasse unter der Aufsicht eines Ausbildungslehrers zu unterrichten und etwas anderes allein auf sich gestellt quirlige Kinder, vielleicht in einer ethnisch heterogen zusammengesetzten Schulklasse zu führen und zugleich zu unterrichten. Wenn sich diese Lehrerinnen und Lehrer durch die ersten Schwierigkeiten hindurcharbeiten, wird die Schule für alle, Kinder und Erwachsene, eine gute, fruchtbare Zeit. Solche Lehrerinnen und Lehrer beginnen die gegebenen Möglichkeiten auszutesten und wachsen in den Beruf mehr und mehr hinein. Erziehung und Unterricht lassen sich verbessern, wenn man es will. Jedem angehenden Lehrer und jeder Lehrerin kann man zusagen, dass das Lehren ein großer Beruf ist, gegen den Spott und den Neid in der Öffentlichkeit.

(2) Es gibt einen zweiten Typus von Lehrerinnen und Lehrern. Dieser Typus geht das Studium des Lehramtes zwar mit Anfangsbegeisterung an, hat danach aber nicht nur vorübergehend, sondern anhaltende Mühen im Unterricht und nützt sich hierbei ab. Es kommt nach und nach zu einer Art „innerer Emigration". Die Begeisterung für den Beruf verliert sich und damit auch die Kraft, die leibliche, seelische und geistige Lebendigkeit der Kinder zu erhalten und zu steigern, was doch die zentrale Aufgabe jeder Schule ist. Solchen Lehrerinnen und Lehrern ist trotzdem zu helfen, wenn sie Einsicht in das Bedenkliche ihrer Situation haben und wenn sie sich helfen lassen wollen. Supervision und kollegiale Unterstützung können sie aus Krisen herausführen. Sie haben allemal die Chance, in ihrem Beruf zu bestehen und sich wohl zu fühlen.

Zum Lehrer oder zur Lehrerin wird man nicht geboren. Es gibt zwar Begabungsunterschiede. Aber Lehren ist ein menschliches Grundrecht, das kultiviert werden muss und mit Lernen und Arbeit an sich selber verbunden ist. Eine Lehrerin oder ein Lehrer muss alles daransetzen, gerne zu unterrichten und gerne Schülerinnen und Schüler zu sehen und sich gerne mit den Eltern auszutauschen. Man kann lernen, an sich selbst zu arbeiten. Man muss allerdings beharrlich sein und sich von Rückschlägen und von menschlichen Niederlagen nicht entmutigen lassen. Die meisten Lehrerinnen und Lehrer sind bereit, an sich selbst zu arbeiten und sich in Ehren zu wandeln und nicht nur die Kinder der Schulklasse wachsen und sich wandeln zu sehen.

(3) Es gibt einen dritten Typus. Er hat das Lehramtsstudium aus Verlegenheit gewählt und möchte mit seinen Schülern und Schülerinnen in der Schule nicht zusammenleben, sondern sie nur zeitweilig unterrichten. Sein Leben beginnt, wenn er die Schultüre hinter sich geschlossen hat. Das darf nicht missverstanden werden. Ich rede weder der kumpelhaften Distanzlosigkeit das Wort, noch dem Versuch, die Rolle von Vater oder Mutter zu spielen. Lehrerinnen und Lehrer haben eine Berufsaufgabe. Aber sie müssen auch wissen, dass Kinder die Schule existenziell erfahren. Ein Schüler zu sein, hat einen Sitz im Leben der Kinder. Die Schule kann in einem guten Sinn prägen und eine lebendige Zeit sein. Sie kann Kinder aber auch seelisch hungern lassen. Für die Kinder geht es um wesentlich mehr als für die

Eltern oder den Lehrer oder die Lehrerin. Dieser Typus soll nicht ausführlich beschrieben werden, aber es gibt ihn. Er kann in der Vermittlung von Wissen sogar erfolgreich sein. Privatschulen können solche Lehrerinnen und Lehrer mittragen oder kündigen, staatliche Schulen können das nicht.

Hier interessiert der Schatten auf der Arbeit gutwilliger Lehrerinnen und Lehrer, die gut unterrichten und gut erziehen wollen und darunter leiden, dass die Schule kein fröhlicher Ort für Kinder ist, die gerne leben und lernen. Das hat nichts mit Idealismus zu tun, der fehlt oder der vorhanden ist. Es geht – bildlich gesprochen – um das Recht, die Wohnung, in dem sich das Leben von Erwachsenen und Kindern jeden Tag mindestens einen Vormittag lang abspielt, Zimmer für Zimmer selbst einzurichten und zu gestalten. Wie kann es kommen, dass der Unterricht in einer Klasse und zuweilen auch in einer ganzen Schule einen grauen Ton annimmt, der Kinder und Eltern ansteckt?

In Kabarettsendungen und in vielen Romanen und Lebenserinnerungen wird angewidert oder spöttisch das traurige Lied von einer öden Schule angestimmt. Die nach Putzmitteln und kollektivem Schüler- und Lehrermobbing riechende „Penne" gilt als das Normale. Dieses Bild darf nicht als normal gelten. Lehrerinnen und Lehrer können, wenn man es ihnen erlaubt, Spiel und Ernst bekömmlich und für das Lernen effektiv mischen. Es ist nicht hinzunehmen, wenn Lehrerinnen und Lehrer ihre Arbeit als öde empfinden und sich nicht um Hilfe bemühen. Sie dürfen sich nicht dem Glauben hingeben, Schule sei nun einmal so. Was hat das alles mit der Unterscheidung von Schulverwaltung und Schulgestaltung zu tun?

2.5 Die Mentalität der Lehrerinnen und Lehrer

Wenn die Schulverwaltung die Schulgestaltung nicht den Lehrerinnen und Lehrern in der Schule überlässt, sondern sie dirigiert, macht sie aus ihnen Schalterbeamte. Das ist nicht übertrieben. In einem Bundesland galten Montessori-Schulen mit dem geltenden Schulsystem Jahrzehnte lang als nicht kompatibel. Selbst als Privatschulen waren sie unerwünscht. Die Lehrerinnen und Lehrer müssen, wenn sie die Schule nach einem der vielen Reformpädagogen, zum Beispiel nach Montessori oder nach dem Jenaplan von Peter Petersen oder nach Celestin Freinet oder nach Helen Parkhurst (Dalton-Schulen) u.a. einrichten wollen, nicht die Eltern der Kinder, auch nicht die Schulbehörde der Stadt, sondern die Regierungen fragen. Wie können Lehrerinnen und Lehrer, Eltern und Kommunen das hinnehmen, und wie können Ministerialbeamte sich hierbei wohl fühlen?

Lehrerinnen und Lehrer, die ihre Schule nach bewährten Mustern weiterentwickeln und gute Arbeit leisten wollen, müssen darum kämpfen. Wenn eine lebendige Schule ein Störfaktor im Schulsystem ist und nur mit einer Ausnahmeregelung und auf Widerruf zugelassen werden kann, stimmt etwas im Schulwesen nicht. Es gilt in den deutschen Ländern nicht als normal, dass eine Schule sich am Jenaplan ausrichtet und neue Kollegen danach aussucht, ob sie die Schulkonzeption mittragen wollen. Das geht nicht. Es geht auch nicht, dass eine staatliche Schule auf Montessori-Unterricht umstellt und das Lehrerkollegium dementsprechend zusammenstellt. Die Schule darf Lehrer und Lehrerinnen nicht entlassen, wenn diese einer kollegial beschlossenen Konzeption nicht zustimmen. Aber es liegt auf der Hand, dass eine Schule kein Gesicht erhalten kann, wenn mehrere Lehrer und Lehrerinnen sich zu Beschlüssen des Kollegiums quer stellen – einmal unterstellt, dass ein Kollegium die Kompetenz für bindende Beschlüsse zur Schulgestaltung überhaupt hat. Zurzeit müssen Eltern und Kommunen mit Comenius-Francke-Herbart-Schulen vorliebnehmen. Solche Schulen sind kein von der UNESCO anerkanntes Kulturerbe. Den Schulbehörden der Länder reicht es, wenn der gesetzliche Rahmen von Schulen eingehalten wird. Es sollte dagegen normal sein, dass Lehrerinnen und Lehrer schon von Berufswegen ihrer Schule ein Profil geben wollen, das besser ist als das herkömmliche und Freude an der Schule mit Leistungswillen versöhnt. Sie müssen kreativ über das an der Hochschule gelernte hinauswachsen dürfen. Heutzutage bleiben sie eher dahinter zurück. Es sollte normal sein, wenn Eltern von Grundschülerinnen und -schülern ohne Rücksicht auf den Schulsprengel für ihr Kind die Schule nach dem Schulprofil auswählen. Die Eltern der Gymnasiasten dürfen das. Lehrerinnen und Lehrer bis hin zu den Leitungen der Schulvereine und der Gewerkschaften haben sich an diesen Zustand gewöhnt und sich mit ihm abgefunden.

Vielleicht hat es für manche Lehrerinnen und Lehrer etwas Verlockendes, in der Schulklasse wie eine Königin oder ein König eigenbrötlerisch zu herrschen. Der Schulrat ist fern und kennt von den Schülerinnen und den Schülern, deren Leistungen er gelegentlich überprüft, kaum den Namen oder Vornamen. Die angekündigte, vertikale Aufsicht ist einfacher zu überstehen, aber weniger fruchtbar als die kollegiale Aufsicht. Nur der Schulrat darf heute der Klassenlehrerin oder dem Klassenlehrer pädagogische Weisungen erteilen, die Schulleitung darf das auch im Einvernehmen mit dem Kollegium nicht.

2.6 Vorblick auf die freie Schule in einer freien Schulgemeinde

Friedrich Wilhelm Dörpfeld (1824-1893), Rektor (Hauptlehrer) einer lutherischen Schule zu Wupperfeld in Barmen, hatte den Lehrerinnen und Lehrern seiner Zeit einen neuen Weg gewiesen. Lange vor der Reformpädagogik schlug Dörpfeld eine Reform vor, die heute noch Beachtung verdient, vielleicht sogar noch mehr als vor 150 Jahren. Den veränderten Verhältnissen entsprechend muss der Entwurf Dörpfelds im 21. Jahrhundert selbstverständlich weitergeschrieben werden. Viele Details, mit denen er seinen Vorschlag begründete, sind vollständig veraltet. Seine Grundidee, „die freie Schule in der freien Schulgemeinde", ist jedoch so einfach wie genial.

Dörpfeld war der Gründer und Herausgeber einer Monatszeitschrift (Evangelisches Schulblatt). Er war außerdem der Verfasser vieler Fachbücher. Er korrespondierte mit den Universitätspädagogen seiner Zeit, zum Beispiel mit Wilhelm Rein in Jena, mit dem er befreundet war. Dörpfeld war ein Anhänger des Formalstufenunterrichts. In dieser Hinsicht hat er heute nichts mehr zu sagen. Seine Idee zur Schulverfassung ist dagegen unter mindestens vier Aspekten auch heute noch hilfreich. Das sei in wenigen Worten angedeutet und soll am Ende der Untersuchung noch einmal zur Sprache kommen.

Erstens. Die freie Schule in der freien Schulgemeinde ist geeignet, das Schulleben für Kinder und Lehrer attraktiv zu machen; denn sie gibt Lehrern und Lehrerinnen

Raum zur Gestaltung, ja sie fordert die Lehrer und Lehrerinnen zur Gestaltung ihrer Schule heraus und macht ihnen das zu Pflicht. Die freie Schule in einer freien Schulgemeinde wird daran gemessen, ob im Kollegium ein guter Geist herrscht und ob die Schule die Kinder inspiriert und die Lernfreude aufrechterhält.

Zweitens. Die freie Schule in der freien Schulgemeinde bindet die Eltern in die Verantwortung für die Schule ein. Sie lässt sie bei der Auswahl der Lehrerinnen und Lehrer mitentscheiden. Wer sich bei einer Schule bewirbt, wird sowohl von den zukünftigen Kollegen als auch von den Eltern begrüßt, sofern er das Profil der Schule akzeptiert und bereit ist, es zu unterstützen. Eltern und Lehrerschaft haben es in der Hand zu bestimmen, wer ins Kollegium eintritt und ihre Kinder am Ort unterrichtet. Es macht für den Geist einer Schule einen großen Unterschied, ob ein neuer Lehrer oder eine neue Lehrerin sich bei Eltern und Kollegen bewirbt oder bei einem Schulamt, das vielleicht in einem anderen Ort residiert.

Drittens. Die freie Schule in der freien Schulgemeinde hat eine starke Position in der politischen Gemeinde. Sie vertritt Eltern und Lehrerinnen und Lehrer. Die Gemeinde ist in wichtige Entscheidungen eingebunden. Die Lehrerinnen und Lehrer haben beispielsweise immer die Unterstützung der Eltern in Fragen des Schuletats auf ihrer Seite.

Viertens. Die freie Schule in der freien Schulgemeinde hat einen guten Stand bei schulpolitischen Wetterumschwüngen, die das ganze Land betreffen. Sie filtert gesellschaftliche Wünsche und ist selbst eine gesellschaftliche Einrichtung, die auf der Höhe der Zeit sein will.

3 Das Familienprinzip und die Gebrechen der staatlichen Schulen

3.1 Vorbemerkung

Friedrich Wilhelm Dörpfeld stellte die Idee einer „Freien Schulgemeinde" zunächst in der von ihm gegründeten Zeitschrift „Evangelisches Schulblatt" vor und gab die Aufsätze noch zu Lebzeiten selbst als Buch heraus. Er behielt den journalistischen, leicht zu lesenden Stil der Zeitschriftenaufsätze bei, um möglichst weite Kreise von der Erziehungswirksamkeit einer synodalen Schulverfassung zu überzeugen. Es sollten diejenigen bei der Verwirklichung der Schulverfassung eingebunden werden, welche die größte Verantwortung für die Erziehung der Kinder und Jugendlichen tragen, das sind die Eltern der schulpflichtigen Kinder, die Lehrerinnen und Lehrer und die politische und kirchliche Gemeinde am Ort.

Er wollte – so kann man sein Motiv in die heutige Zeit übersetzen – durch eine zweckmäßige Schulverfassung ermöglichen, dass die in unseren Tagen fast alltäglichen Schulschwierigkeiten und Jugendexzesse durch eine gelingende Erziehung rechtzeitig verhindert werden. Eltern haben das größte Interesse daran, ihre halb erwachsenen Kinder durch den gesellschaftlichen Dschungel der Großstädte und durch das Internet-Abenteuer gut durchzubringen. Es gelingt vielen Eltern ihre heranwachsenden Kinder von gefährlichen, altersspezifischen Verstrickungen abzuhalten. Aber es gibt auch Eltern, die eine Hilfe in der Erziehung ihrer Kinder dringend brauchen. Das Familienprinzip muss 150 Jahre nach Dörpfeld von beiden Seiten her verstanden werden. Die Schulen sollen sich nach dem Familienprinzip richten; gerade, weil sie wissen, dass es überforderte Eltern gibt, die für die Schulen in der Tat keine Orientierung geben können.

Dörpfeld konnte von solchen neuartigen Bewährungsproben der Erziehung in Familie, Schule und Kommune vor 150 Jahren selbstverständlich noch nichts wissen. Aber er erkannte die Schwäche zentraler Schulverwaltung, die meinte, ohne Eltern- und Lehrermitwirkung bei der Ordnung von Schulangelegenheiten auskommen zu können. Er wollte alle Schulverantwortlichen am Ort gewinnen und ihre Kreativität aktivieren. Er wusste auch, dass die Einführung einer synodalen Schulverfassung ein langer Weg werden würde. In seiner Arbeit als Rektor einer Volksschule hatte er Erfahrungen gesammelt, und er kannte die Schulverfassungen anderer Regionen und Länder. In Westphalen war der Gedanke einer freien, selbstverwalteten Kirche lebendig. Ebenso war in der Region bekannt, dass Schulen das Recht haben konnten, der Schulaufsicht neue Lehrer zur Anstellung zu präsentieren. Völlig neu war der Gedanke einer sich selbst verwaltenden Schulgemeinde nicht. Dörpfeld schreibt selbstbewusst, er komme aus einem Landstrich, der sich „seit mehr als zwei Jahrhunderten eines hohen Gutes, – einer freien, nach dem Prinzip der Selbstverwaltung konservativ geordneten Kirche – erfreut, – in einer Landschaft, wo seit fast ebenso langer Zeit Ansätze zu einem nach demselben Prinzip geordneten freien Schulwesen deutlich vorhanden sind" (FWD VIII, Die freie Schulgemeinde, S. VI/VII).[9] Was war es, was den gut lutherischen, dem Pietismus zugeneigten Rektor an der staatlich verwalteten Obrigkeitsschule, und an der geistlichen Schulaufsicht der Kirche störte?

3.2 Die drei Grundgebrechen der hergebrachten Schul-Verfassungen

Dörpfeld fasste seine Kritik an der zentral organisierten Schulverfassung seiner Zeit in einem Buch zusammen, das in der Gesamtausgabe von 1898 immerhin 128 Seiten umfasst.[10] Er hob drei Kritikpunkte, drei Gebrechen, hervor.

---

[9] Dörpfeld wird, wenn nicht anders vermerkt, immer nach den „Gesammelten Schriften" Verlag Bertelsmann Gütersloh 1898 zitiert. FWD VIII heißt: Friedrich Wilhelm Dörpfeld, Band 8 der Gesammelten Schriften".

[10] Die drei Grundgebrechen der hergebrachten Schul-Verfassungen nebst bestimmten Vorschlägen zu ihrer Reform. In: Gesammelte Schriften, Band VIII. Verlag Bertelsmann Gütersloh 1898. (Die in diesem Band vereinigten Schriften haben jeweils ihre eigene Seitenzählung.)

Das erste Gebrechen sah Dörpfeld darin, dass in der staatlichen Verwaltung der Volksschule die Bürokratie am Werke war. Er verglich die Verwaltung der Schule mit der staatlich verwalteten Post und der Armee. Lehrer werden wie Postboten, Kinder wie Rekruten behandelt. Ist das nicht bis heute wahr? Nur Post und Armee seien so bürokratisch verwaltet wie die Schule ohne lebendige Verbindung zu den „Schulinteressenten", zu denen er die Kommunen, die Eltern und die Lehrerinnen und Lehrer zählte. Das Schulwesen erfordere am dringendsten „eine nach dem Prinzip des Selfgovernments eingerichtete Verwaltung" (FWD, Die drei Grundgebrechen, VIII, S. 5). Das staatliche Schulregiment sei in die politischen Verhältnisse und Geschicke des Staates verflochten und die Schule werde daher hin und her gezerrt.

„Die Natur der Schule kann dieses Geschaukel und Gerüttel absolut nicht ertragen" (FWD, Die drei Grundgebrechen, VIII, S. 6).

Daher sei das Schulwesen aus dem Parteienstreit herauszuhalten. Die Beispiele, die er zum Beleg seiner These brachte, sind heute zum Teil überholt. So beklagte er zum Beispiel, dass zu seiner Zeit keine einzige preußische Hochschule einen selbständigen Lehrstuhl für Pädagogik habe. Preußen gibt es inzwischen nicht mehr; Lehrstühle für Erziehungswissenschaft gibt es in jedem Bundesland. Aber es lassen sich auch in unserer Zeit parteipolitisch motivierte, schulpolitische Zick-Zack-Kurse finden. Dazu gehört zum Beispiel der Streit, ob die Grundschule vier oder sechs Schuljahre, das Gymnasium acht oder neun Jahre umfassen soll. Es gibt ministerielle Entscheidungen für ein gerade in Mode stehendes Verfahren im ersten Lesen und Schreiben oder im ersten Rechnen. Solche Erlasse gelten mit einem Male für Tausende von Lehrerinnen und Lehrer, ob sie etwas von der neuen Methode verstehen oder nicht.

Die Schulverwaltungen der Länder empfinden die Kritik von Seiten der Erziehungswissenschaft her eher als störend, nicht als Hilfe. Ein von „oben" verordneter, landesweiter Wechsel einer Unterrichtsmethode kann in den deutschen Bundesländern ohne die Mitwirkung der Lehrerinnen und Lehrer oder der Eltern oder der Hochschulen verordnet werden. Das Hin und Her der parteipolitischen Wellenbewegungen nimmt die Lehrerinnen und Lehrer und die Eltern bei schulpolitischen Entscheidungen oft nicht mit. Große Veränderungen in der Schule würden, wenn die Schulen und Familien stärker beteiligt wären, so die Überlegung Dörpfelds, langsamer und überlegter vonstattengehen.

Man kann, wenn es eine Hochschulbildung für die Lehrämter gibt, das Initiativrecht für Reformen in der Schule, wenn sie sein müssen, auch in Verbindung mit den Hochschulen einleiten. Die heute in allen deutschen Ländern geltende zentrale Schulverwaltung ersetzt die geistliche Schulaufsicht. Sie hat deren hierarchischen Aufbau übernommen. Sie entspricht hierbei – vereinfacht ausgedrückt – einer Hierarchie mit einem starken Bischofsamt, das wenig nach den Ergebnissen der Wissenschaften fragt. Einzelne Hochschullehrer können, aber müssen nicht bei Reformen gehört werden. Wer Ministerien wann beraten hat, ist oft undurchsichtig.

Die Entscheidungskompetenzen der Schulverwaltung und der Parlamente wollte Dörpfeld selbstverständlich nicht außer Kraft gesetzt wissen. Sie sollten die oberste Aufsicht in Schulangelegenheiten und die Kontrolle behalten. Er wollte zu allererst die Mitarbeit der Lehrerinnen und Lehrer und die der Eltern freisetzen. In der Zeit der viel beschworenen „freiheitlich demokratischen Grundordnung" ist es nicht mehr zeitgemäß, wenn die Kulturhoheit wie im absolutistischen Zeitalter ausgeübt wird. Grundschulen und Sekundarschulen erscheinen eher als eine Dienstleistung und Karriereregulierung des Staates und weniger als eine Angelegenheit der Eltern, die sich ihrer Erziehungsverantwortung bewusst sind.

Das zweite Gebrechen im Schulwesen sah Dörpfeld in dem Mangel an Einheitlichkeit. Auch diese Kritik hat heute andere Ansatzpunkte als im 19. Jahrhundert. Er schrieb:

„Bei der bestehenden Schulverfassung ist die durch die Pädagogik geforderte Einheitlichkeit der Schularbeit, des Schullebens und der Schulverwaltung nicht hinlänglich dargestellt und garantiert" (FWD, Die drei Grundgebrechen, VIII, S. 13).

Dörpfeld erläuterte, was er mit dem Mangel an Einheitlichkeit meinte, an der unterschiedlichen Qualität der Schulgebäude, an den unterschiedlichen Dotationen der Schulen und an der Schulaufsicht. Hinsichtlich Schulgebäude, der Dotationen und der Schulaufsicht kann man über einen Mangel an Einheitlichkeit schwerlich klagen, wohl aber darüber, dass die immer wichtiger werdende Koordinierung der Erziehung in den Grundschulen, Familien und Kommunen in den einzelnen deutschen Bundesländern in ihren Ansprüchen divergieren. Auch andere Unterschiede sind vorhanden. Die Unterschiede zwischen den Ländern in den Abiturprüfungen werden offen angesprochen. Sie bestehen nicht nur im Gymnasialvergleich, sondern auch in anderen Schularten. Ein anderes Beispiel für den Mangel an Einheitlichkeit ist der Umgang der Länder mit der Legasthenie. Hier gibt es erhebliche Unterschiede zwischen den Bundesländern.

Dörpfeld erkannte die Wirkung von Institutionen. Er unterschied in seiner Argumentation eine auf das Individuum bezogene Erziehung von einer Erziehung durch die Gemeinschaft. Hier lehnt er sich an die Pädagogik von Friedrich Schleiermacher an. Es ging ihm jedoch nicht um die Lebensgebiete, welche dieser genannt hatte, Kirche, Staat, Beruf und geselliges Leben, für welche Kinder und Jugendliche erzogen werden sollten. Schleiermacher hatte von der öffentlichen Erziehung gefordert, sie solle die Jugendlichen gut vorbereitet an die gesellschaftlichen Mächte „abliefern". Sie sollen fähig werden, in den vier Lebensgebieten mitzuwirken und zu bestehen.

Dörpfeld kam es auf den Unterschied zwischen einer Erziehung zum Individuum und – wie er es nannte – zu Korporationen an. Jede Erziehung müsse die Kinder und Jugendlichen zur Selbständigkeit erziehen, schreibt er. Das sei weltweit in allen, auch in primitiven Kulturen der Fall. Die Selbstständigkeit in kulturell hoch entwickelten Gesellschaften beziehe sich immer auf die spezifisch kulturellen Gemeinschaften einer Gesellschaft, in der Jugendliche aufwüchsen.

„...der einzelne Mensch ist kein vereinzelter, – er gehört als Glied einem Ganzen an, oder richtiger: vielen Ganzen, zunächst der Familie und den verschiedenen Gemeinschaften, die aus der Hausgemeinde heraus- und über sie hinausgewachsen sind. Diesen Gemeinschaften allen soll der einzelne Mensch als lebendiges Glied einverleibt sein, ihnen soll er mit den großen oder kleinen Gaben, womit Geburt und Erziehung ihn ausgestattet haben, liebend dienen, um durch dieses Dienen wieder neue Segnungen für sein individuelles Leben zurück zu empfangen. Auf dieses Geben und Empfangen, auf diese Wechselwirkung zwischen dem Individuum und den Gemeinschaften, von denen es umfangen und getragen ist, muss daher die Erziehung nicht minder ihr Augenmerk richten, als auf die formale allseitige Entwicklung der Individualität: wo nicht, so wird das Resultat dennoch höchst einseitig; der Zögling bleibt ein armes, selbstsüchtiges Wesen und unpraktisch dazu, und was das schlimmste ist, einer, dem die notwendigen Bedingungen des allseitigen Fortwachsens fehlen, denn diese Bedingungen bestehen eben in der selbsttätigen Teilnahme an dem Leben der ihn umgebenden Gemeinschaften. Kurz: Diesen Gemeinschaften und ihrem Kulturerwerb verdankt das Individuum, was es an individueller Bildung besitzt; darum soll es an ihnen bleiben wie die Rebe am Weinstock, aber als ein lebendiger, der Frucht bringt" (FWD Die drei Gebrechen, S. 32).

Das Zitat könnte sich auf die duale Berufsausbildung beziehen, die er natürlich noch nicht kennen konnte. In der Dualen Erziehung ist eine Erziehung zugleich in der Schule und im Betrieb gelungen, eine Individualerziehung und zugleich eine gesellschaftlich relevante Erziehung. Darauf beruht ihre Wirkung, die sich in Deutschland bewährt hat. Hier ist an einer Stelle des Erziehungssystems eine institutionelle Verklammerung von Schule und betrieblicher Erziehung gelungen. In unserem Zusammenhang muss die Lösung durch eine Institution betont werden. Dörpfeld erkannte schon in seiner Zeit eine Bedingung der Erziehung, die vom Soziologen Arnold Gehlen ein Jahrhundert später bestätigt wurde, als er die Entstehung der Institutionen in der Frühzeit untersuchte. Die Institutionen stabilisieren menschliche Handlungen und die menschliche Sprache, schrieb er unter Berufung auf Friedrich Naumann:

„Wer Menschen bilden will, muss Korporationen schaffen. Aller Geist, der nur individualistisch wirkt, verflattert; sobald der Geist als Organisationsgeist auftritt, wird er konstruktiv" (Gehlen 1956, S. 50).

Die Schulgemeinde sollte die Korporation sein, in der sich individuelle Erziehung und Erziehung für die gesellschaftlichen Einrichtungen verbanden. Dörpfeld fand, dass es der bürokratisch eingerichteten Schulverwaltung an „angemessener Vertretung und Mitwirkung der interessierten Korporationen" fehlte (FWD, Die drei Gebrechen, S. 73). In Dörpfelds Argumentation erscheinen die „Gemeinschaften" als Orte des gesellschaftlichen Lebens, für die Kinder und Jugendliche vorbereitet werden müssen, damit sie in der Lage sind, in diese Gemeinschaft aufgenommen und in ihnen tätig zu werden. Eltern, Schulen und Vertreter der Kommunen, die für Erziehungsfragen zuständig sind, bilden auf der Ebene des Wohnortes kein institutionelles Organ. Deshalb droht die Wirkung der Familien- und der Schulerziehung und der außerschulischen Erziehungsmaßnahmen „zu verflattern".

Dörpfeld konnte noch nicht wissen, dass die neuen Arbeitsbedingungen nach dem Zeitalter der Zünfte keine lange Dauer von Arbeitsverträgen begünstigen würden. Anderthalb Jahrhunderte nach Dörpfeld ist der Wechsel in den Anstellungen häufig. In wenigen Jahren können heutzutage selbst große Unternehmen untergehen und öde Orte zurücklassen. Die Schübe von technischen Innovationen verbrauchen immer wieder bewährte soziale Gruppen. Das macht unsicher und verdüstert die Lebensaussichten. Kurz nach Dörpfelds Tod kam beispielsweise das Automobil auf und der Beruf des Droschkenkutschers verschwand.

Die Erfindungen und die politischen Ereignisse, die in Wellen die stabilisierten gesellschaftlichen Verhältnisse durcheinanderwirbelten, folgten im 20. Jahrhundert dicht aufeinander und schufen eine hoch differenzierte, arbeitsteilige Welt. Sie stellt Jugendliche bei der Berufswahl vor neue Anforderungen. Die Berufswahl kann der zentrale Staat durch die Arbeitsämter und -beratung allein nicht lenken. Auch die Familien und die Schulen allein können den Jugendlichen die Wege ins Leben und ins Arbeitsleben nicht zeigen. Der Staat ist darauf angewiesen, dass die Eltern und Lehrer und Lehrerinnen die neuen, bisher noch unbekannten Anforderungen der

Erziehung mit übernehmen. Der Staat als Staat kann das nicht. Er lädt die Eltern und die Lehrkräfte jedoch nicht zu einer Mitarbeit ein, die relevant und institutionell abgesichert ist.

Daran hat sich seit der Zeit von Friedrich Wilhelm Dörpfeld bis zum heutigen Tag in den deutschen Bundesländern nichts geändert. Es ist ein Gewöhnungseffekt hinzugekommen, eine falsche Bescheidenheit von Eltern, Lehrerinnen und Lehrern. Wenn Lehrerinnen und Lehrern die Postschalterbeamten-Mentalität unerträglich werden, weichen sie auf Privatschulen aus. Eltern melden ihre Kinder in eine Montessori-, Waldorf- oder in eine andere Privatschule an. Beide, Eltern und Lehrerinnen und Lehrer, suchen Gestaltungsfreiheit und Mitsprache. Die obersten Schulverwaltungen der deutschen Bundesländer sehen diesen Trend zu Privatschulen als eine Bedrohung der Gleichbehandlung aller schulpflichtigen Staatsbürger an, was er wohl auch ist. Dieser Trend lässt sich jedoch auch als eine stumme, an die Schuladministration gerichtete Kritik verstehen: Die Mitwirkung von schulinteressierten Eltern und von Lehrerinnen und Lehrern ist unerwünscht. Eltern und Schule wollen ein wirksames Schulleben gestalten und stoßen hierbei auf obrigkeitlichen Widerstand.

Es soll nicht verkannt werden, dass auch heute schon in vielen Schulen mehr möglich ist, als viele Lehrerinnen und Lehrer meinen. Es liegt im Grunde auf der Hand, dass Schulen in einen lebendigen Bezug zu allen wirtschaftlichen Institutionen und zu Vereinen gebracht werden sollten, die in der Region in Betracht kommen. Es liegt auf der Hand, dass diese Bezüge auf Dauer hergestellt werden müssten und Schulkollegien sich absprechen sollten. Dafür ist eine Schulverfassung nötig, die das nicht nur ermöglicht, sondern es Familien und Schulen zur Pflicht macht, sich um die Nähe zum gesellschaftlichen Leben zu kümmern.

Das dritte Gebrechen der hergebrachten Schul-Verfassungen liege, wie Dörpfeld meint, darin,

„dass auf allen Stufen der Schulverwaltung der arbeitende Techniker, der Lehrer, von jeder amtlichen Mitwirkung ausgeschlossen ist" (FWD, Die drei Gebrechen, S. 77).

Der Vorwurf richtete sich hauptsächlich gegen die kirchliche Bevormundung. Die gibt es heute nicht mehr. Die Schulaufsichtsbeamten in der unteren Schulverwaltung (in den Schulämtern) sind im Schuldienst bewährte Lehrerinnen oder Lehrer. Soweit so gut. Sie werden jedoch von den Bezirksregierungen eingesetzt und sind weisungsgebunden. Wenn sie in ihrem Schulbezirk kreativ werden wollen, müssen sie sich ebenso gegen Hindernisse durchsetzen wie Rektorinnen oder Schulkollegien. Eine Schulrätin, die in ihrem Schuldistrikt mit den Lehrern und Eltern zusammen beschließen würde, Schulen nach dem Dalton-Plan oder nach der Jena-Plan-Schule oder nach Montessori einzurichten, würde zur Ordnung gerufen werden. Schulräte müssen gegen die Schulverwaltung ankämpfen, um in ihrem Aufsichtsgebiet gute Schularbeit in guten Schulen zu ermöglichen. Gelingt es einer Schule, die unterste Schulbehörde von einem Plan zu überzeugen, muss diese bei der mittleren und höheren Schulverwaltung noch einmal Überzeugungsarbeit leisten. Was will Dörpfeld dem entgegensetzen?

3.3 Das Familienprinzip der freien Schulgemeinde

Das Buch, in dem Dörpfeld den Aufbau der „freien Schule" erläutert, hat einen langen Titel. „Die freie Schulgemeinde und ihre Anstalten auf dem Boden der freien Kirche im freien Staate".[11]

Der Titel bedarf der Erläuterung, soll Dörpfelds Vorschlag nicht von vornherein abgelehnt werden; denn die Wendung „auf dem Boden der freien Kirche" ist heute schwer verständlich. Sind die Kirchen nicht frei? Dörpfeld wollte die Volksschulen von der geistlichen Schulaufsicht befreien, aber die konfessionelle

---

[11] Zitiert nach den Gesammelten Schriften, Band 8. Verlag Bertelsmann Gütersloh 1898, S. 1-271.

Übereinstimmung der Schulkinder mit der konfessionellen Einstellung der Familien war ihm wichtig. Heute ist in allen deutschen Ländern der Streit des 19. Jahrhunderts um die Konfessionsschule zugunsten der Simultanschule entschieden. Es gibt zwar noch einige wenige evangelisch und katholisch ausgerichtete Schulen. Sie öffnen sich jedoch allen, die einer anderen Konfession oder überhaupt keiner Kirche angehören.

Die Forderung von Dörpfeld, auf die Konfession der Eltern Rücksicht zu nehmen, erinnert jedoch daran, dass es ein Schulleben gibt und – der Ausdruck ist missverständlich – einen ‚Esprit de Corps'. In manchen Schulen ist er farbig und stark, in anderen ist er blass und lethargisch. Wenn etwas heute noch elektrisierend wirken kann, dann ist es das Moment der Freiheit in einer „freien Schulgemeinde", ob sie nun „auf dem Boden einer freien Kirche" steht oder nicht. Dörpfeld soll in dieser Untersuchung in erster Linie auf seine Gedanken zur „freien Schulgemeinde" hin befragt werden. Seine Überlegungen zu den Wirkungen einer konfessionell eindeutig festgelegten Schulgemeinde auf die Erziehung sind deswegen nicht unberechtigt. Die konfessionelle Festlegung lässt sich für Skeptiker damit erklären, dass in unserer Zeit eine spirituelle Erziehung kein Luxus ist. Jugendliche, die sich nicht an einer christlichen Konfession orientieren, stehen trotzdem einer spirituellen Vielfalt, um nicht zu sagen einem spirituellen Tohuwabohu gegenüber, in dem die geistigen Wurzeln Europas vergessen werden und Heilslehren und Verschwörungstheorien sprießen.

Ob und welch ein Geist in einer Schule herrscht, treibt in unserer Zeit weder die Öffentlichkeit, noch die Erziehungswissenschaft oder die Lehrerverbände um. Die Erziehungswissenschaft und die Schulpolitik, beide fragen im Großen und Ganzen nicht, ob der Gleichklang von politischer oder religiöser Überzeugung von Familien und Schulen eine Ressource für die Erziehung sein könnte. Sie nehmen an, so kann man vermuten, dass die Übereinstimmung gegeben ist. Dörpfelds Überlegungen dazu sind vielleicht doch aktueller, als es zunächst scheint.

Es gibt ein überraschendes, brisantes Jugendphänomen. Jugendliche aus einem als christlich geltenden Umfeld treten zum Islam über und machen sich nach ihrem

Übertritt auf den Weg in den Nahen Osten. Sie sind willkommene Freiwillige in erbitterten Religions- und Bürgerkriegen. Vor dem unumkehrbaren Entschluss der Jugendlichen gibt es meist eine Latenzzeit, in der die Familienerziehung in Konkurrenz mit einer anderen Erziehung steht. Die Gegenerziehung wird als Verführung angesehen. Gleichalterige Freunde ziehen die Jugendlichen aus ihrem Familienkreis heraus und reißen sie mit. Die Jugendlichen werden taub für Worte der Eltern und hören auf ältere, frei gewählte Autoritätspersonen. Erziehung in der Familie und Schule steht gegen die Erziehung in der Altersgruppe unter der Einwirkung von heimlichen, älteren Miterziehern. Die neue Peergruppe und die neuen Lehrer verheißen den Jugendlichen eine kraftstrotzende Zukunft. Das ist der springende Punkt.

Der Hauptunterschied zwischen der Familienerziehung und der Erziehung einer Sekte, zum Beispiel der Salafisten oder der Völkischen, liegt in der Wucht des Glaubens an eine sinnvolle Zukunft. Die angeblich christliche Erziehung hat die Herzen der Jugendlichen kalt und leer gelassen, dagegen die Ansprachen einer islamistischen Gruppierung oder die Ansprachen einer Kampfsportgruppe haben die Leere ausgefüllt und Jugendliche mit einer nach Tod und Opfer schmeckenden Zukunftsvision begeistert. Mir ist keine erziehungswissenschaftliche Untersuchung zu der Frage bekannt, ob Jugendliche, die in der angestammten Religion gefestigt sind, gegenüber Versuchen propagandistischer Gegenerziehung aggressiver religiöser oder national-völkischer Sekten besser bestehen können als religiös lauwarm erzogene oder nicht. Stützt die gleichsinnige, spirituelle und politisch-demokratische Erziehung in Familie und Schule, wenn sie gelingt, vor den Abstürzen in den kritischen Jugendjahren? Das wäre wichtig zu wissen. Es ist zu vermuten.

Diese Erziehung zur Demokratie mit Vollmacht kann auch in einer Simultanschule gelingen, wenn sich Eltern, Schule und Kommune zusammen auf einen Weg begeben und wenn sie nicht wie die berühmt-berüchtigte Gemeinde in Laodizea in Kleinasien weder kalt noch warm sind und dann ausgespien werden. Staatsschulen haben es schwer, die Schülerinnen und Schüler zu begeistern, wenn Eltern und Lehrer selbst lauwarm und ängstlich sind. Es wäre aber wichtig, dass den

Jugendlichen ein glaubhafter, spiritueller Weg zur Konfession ihrer Eltern und zur Demokratie gezeigt wird. Wenn Eltern und Schulen keine spirituellen Wege zeigen, die sie gegen abstruse Sekten schützen, kommen andere mit Verheißungen. Viele Schulen und viele Familien dürften diese Aufgabe, würde sie ihnen gestellt, von sich weisen. Viele würden diese Forderung nicht einmal sehen und verstehen.

Diese Frage soll hier nicht weiterverfolgt werden. Aber es ist festzuhalten, dass eine gleichsinnige, kommunal unterstützte Familien- und Schulerziehung in Glaubensfragen belangvoll ist. Die Schülerbewegung Greta Thunbergs beweist, was der Glaube an die Zukunft und die Sorge um die Zukunft bewirken kann. Dörpfeld konnte auch Simultanschulen etwas Gutes abgewinnen.

„Wo die Not nur eine Simultanschule zulässt, da ist diese an sich kein Übel, vielmehr etwas relativ Gutes; wie es ja immer besser ist, Ein Auge zu haben als blind zu sein" (S. 85).

Dörpfeld würde heute – so will es mir scheinen – demokratische und ökumenische Schulen fordern, ja vielleicht Schulen, die ökumenisch sind im Sinne eines Friedens zwischen den Weltreligionen. Gebet und Meditation in separaten Religionsstunden haben für das Leben in einer Simultanschule eher eine zentrifugale Kraft. Sie machen Religionsunterricht zu einem Fach wie jedes andere. Wie könnte eine ökumenisch orientierte Simultanschule mit Gebet und Meditation umgehen? Wie könnte sie Jugendliche für die Verteidigung der Demokratie gewinnen? Wie könnten Schulen die konzentrierende Wirkung politischer, nicht parteipolitischer, und ökumenischer, nicht konfessionell-enger Erziehung im Schulleben fruchtbar machen?

Jugendliche müssen, wenn sie sich in der Pubertät aus ihren Familien zu lösen beginnen, ihren Weg finden und fühlen sich hierbei allein. Meditation und Gebet sind die seit Jahrtausenden bekannten Wege, in denen die Not der Einsamkeit in individuelle Stärke umgewandelt werden kann. Der Name „Simultanschule" ist irreführend, wenn er Schule und Familie suggeriert, es sei am besten, die Kinder in religiösen, konfessionellen und politischen Fragen sich selbst oder einzig und allein dem Fachunterricht zu überlassen.

Dörpfeld widmete den ersten Teil seiner Untersuchung dem Familienprinzip, aus dem er dann im zweiten Teil die Schulverfassung entwickelte. Da die Familie anderthalb Jahrhunderte nach Dörpfelds Schrift einschneidende Veränderungen erfahren hat, ist zu fragen, was von seinen Überlegungen heute noch relevant ist. Wie kam er überhaupt dazu, sich in die Theorie der Schule zu vertiefen? Er hatte im „Evangelischen Schulblatt" (Nr. 9, 1858) geschrieben, dass die Schule, womit die Volksschule gemeint war, der Kirche, dem Staate und dem sozialen Leben zu dienen habe und hinzugefügt:

„Die nächste, innigste und stärkste Verwandtschaft besteht aber zwischen ihr und der Familie. In erster Linie ist sie Hülfsanstalt des Hauses d.i. Erziehungsanstalt in dessen Sinn und Weise" (FWD Die freie Schulgemeinde, S. 3).

Daraus leitete er ab, dass die Schule „möglichst enge mit der Familie verbunden und möglichst in ihrem Geist und ihrer Art eingerichtet und geleitet" werden solle (FWD Die freie Schulgemeinde, S. 3). Diese Bemerkung brachte ihm Kritik ein. In einer Erklärung, die er erhielt, hieß es, die Kirche müsse „fortwährend ihre Trägerin und Pflegerin bleiben" (FWD Die freie Schulgemeinde, S. 4). Die Autoren der Erklärung traten „dem Keim zur Emanzipation der Schule von der Kirche" entgegen. Heute könnte der Einwand gegen Dörpfeld heißen, der Staat müsse „fortwährend Trägerin und Pflegerin bleiben". Familien und Schulen dürften sich danach auf keinen Fall emanzipieren und schulpolitisch erwachsen werden.

Dörpfeld wollte der Kirche nicht den Rücken kehren, wie auch dieser Essay dem Staat nicht den Rücken kehren will. Dörpfeld meinte eine Selbstverständlichkeit ausgesprochen zu haben. Die Kritik an seiner Schrift veranlasste ihn, sich mit der Theorie der Schule näher zu befassen. Der Einfluss des Staates und der Kirchen, des Handwerks und der Landwirtschaft, so fand er, mache sich allemal geltend, aber wo fände sich „ein kräftiges Zeugnis für den Anspruch, welche die Familie an die Schule, und über die Bedeutung, welche sie für die Schule" habe? (FWD Die freie

Schulgemeinde, S. 6). Er sprach von der „Verwandtschaft der Schule mit dem Hause" (FWD Die freie Schulgemeinde, S. 13) und führte fünf Punkte an.

Erstens, seien in der Familie „Natürliches und Geistliches", „zeitlicher Beruf und himmlische Bestimmung" verschlungen und verwachsen, so dass „eines das andere nicht hindert, sondern trägt und fördert" (FWD, Die freie Schulgemeinde, S. 13). Dass das heute anders formuliert werden müsste, dann aber auch heute noch gilt, habe ich am Beispiel der Konvertiten zum Islam oder der Konvertiten zur völkischen Pseudoreligion erläutert.

Zweitens, werden die Kinder in der Familie – hier zitiert Dörpfeld Luthers kleinen Katechismus – „'Leib und Seele, Augen, Ohren und alle Glieder, Vernunft und alle Sinne' in Pflege und Zucht genommen". Die Kinder genießen zum Glück auch heute noch in der überwiegenden Mehrzahl den Schutz von Eltern in der elterlichen Wohnung, während sie nur einen halben Tag in der Schule sind.

Drittens, vollziehe die Familie eine in der Schule oft vergessene Funktion einer Gewöhnung an „Reinlichkeit, Pünktlichkeit, Mäßigkeit, – Schicklichkeit, Anstand, richtiges, gebildetes Sprechen". Das stimmt heute nur zum Teil und ist doch auch eine nicht abweisbare Aufgabe der Schule geworden. Deswegen sind die Vorschulerziehung und die Ganztagsschulen notwendig. Kindergärten und gute Vorschulen stärken die Wirkung der Schulen, Ganztagsschulen ergänzen die Erziehung der Familien besser als Halbtagsschulen.

Viertens, sei in der Einrichtung der Familie „ein eigentümliches Korrektiv gegen Überschwänglichkeit in der Erziehung" angebracht. In der Familie folge „jeder Lektion eine Prüfung fast auf dem Fuße" (FWD Die freie Schulgemeinde, S. 13). Die Familienerziehung steht, um es modern auszudrücken, der Kompetenzerziehung näher als die Schulerziehung.

Fünftens, wirke das Zusammenleben auf die Kinder. „Schwächen, Blößen und Gebrechen der Eltern stellen sich auf Dauer auch dem Kinde dar als das, was sie sind", es gäbe „kein Ornat und keinen Heiligenschein" (FWD Die freie Schulgemeinde, S. 15). Übersetzt heißt das: Menschliche Nähe und menschliche Schwäche ist eine

Chance zur Erziehung zur Menschlichkeit und zur gegenseitigen Duldung – allerdings auch nicht mehr als eine Chance. Die Nacktheit eines von Zeit zu Zeit betrunkenen Vaters oder der Rosenkrieg der Eltern haben, so ist zu bedenken, auch „kein Ornat und keinen Heiligenschein", sind aber wegen der Brutalität der Realität kein Gewinn für die Erziehung. Aus einer zerrütteten Familie, das wusste Dörpfeld natürlich auch, kann kein Schulprinzip entwickelt werden.

Dörpfeld hebt hier in diesen fünf Punkten auf die existenzielle Verbundenheit von Eltern und Kindern ab. Kirchen-, Schul- und Berufserziehung erreichen diese tiefe Verbundenheit nicht oder sehr selten. Deshalb ist die Familie, ob gut oder schlecht, schicksalhaft für ein Kind. Dörpfeld ist zuzustimmen, wenngleich heute andere Bedingungen herrschen als zu seiner Zeit. Was festgehalten werden muss, ist seine Sichtweise. Eine gute Familie wirkt auf die Biographie der Kinder. Der Staat ist heute dafür verantwortlich zu machen, anders als vor bald zweihundert Jahren, dass gute Familienerziehung gelingt. Die europäischen Staaten haben zugelassen, dass die Erziehungskraft der Familien durch die Individualisierung und Mobilisierung der Gesellschaft geschwächt worden ist. Das darf nicht als Anklage verstanden werden. Denn die Staaten sind von gesellschaftlichen Veränderungen überrascht worden und längst nicht mehr so wirkmächtig wie die Obrigkeitsstaaten der Reformationszeit, auf welche die Kulturhoheit der Länder in Deutschland zurückgeht. Fast alle Eltern sehen und sorgen sich um ihre Kinder in einer Zeitperspektive, die weiterreicht als die Schule das im Allgemeinen kann; den Familien, die das aus welchen Gründen auch immer nicht können, muss die Gesellschaft helfen. In der Grundschule und in der Sekundarstufe sind noch alle Kinder beisammen. Lehrerinnen und Lehrer erkennen „Unordnung und frühes Leid" in den Familien, sehen die Auswirkungen auf die Schule, würden gerne helfen, aber können es nicht und haben dazu auch keinen Auftrag. Soll aber für solche Erziehungssituationen, wenn sie doch erkannt werden, gar nichts geschehen?

In den Blindenschulen des 19. Jahrhunderts versuchten die Lehrer ihre Schüler möglichst weit über die Schulzeit hinaus zu begleiten. Die erwachsenen Blinden schüttelten die unerwünschte Fürsorge ab und gründeten Vereine der genossenschaftlichen Selbsthilfe. Jedes Kind will sich einmal aus der Familie lösen.

Die gute Familie ist selbst an der Emanzipation der Kinder interessiert. Es hat eine existenzielle Bedeutung, dass Kinder lernen, „auf eigenen Füßen zu stehen". Dieser Emanzipationsauftrag der Eltern ist paradoxerweise mit einer Einbindung der Jugendlichen in das Familienleben verbunden. Diesen Widerspruch muss die Schule sehen und mit aufnehmen. Ein dichtes Familienleben, das die Kinder prägt, steht nicht im Widerspruch mit einer Erziehung zur Eigenständigkeit.

„Als Resultat der vorstehenden Erörterung ergibt sich also auf die Frage, wo die Volksschule ihre nächste Verwandtschaft zu suchen habe, die Antwort: Die nächste, innigste und stärkste Verwandtschaft besteht zwischen ihr und der Familie" (FWD Die freie Schulgemeinde, S. 17)

Man muss ergänzen, um im Bilde Dörpfelds zu bleiben, dass die Schule nicht mit der Kirche, nicht mit dem Staat und nicht mit der Gesellschaft verwandt ist. Die Schule soll mithelfen, die Jugendlichen stark zu machen, damit sie in der Lage sind, ihr Leben in Kirche, Staat und Gesellschaft verantwortlich und doch auch mit Distanz zu führen.

Die Parteinahme Dörpfelds für die Eltern erinnert an Johann Heinrich Pestalozzi, der zwei Erziehungsromane zur Familienerziehung schrieb: „Lienhard und Getrud" und „Wie Getrud ihre Kinder lehrt". Pestalozzi ließ die Schule aus der Familienerziehung hervorgehen. Die Familienverhältnisse, welche Pestalozzi und Dörpfeld aus eigener Anschauung kannten, waren sicher anders und strenger als heute im Zeitalter der Mobilität und der Globalisierung. Aber das ist kein Einwand gegen das Familienprinzip.

Die Aufsätze der späteren Buchveröffentlichung „Die freie Schule" erschienen ein Jahr nach Charles Darwins Untersuchung „Über die Entstehung der Arten" und ein Jahr vor der deutschen Übersetzung seines epochalen Werks. Seither ist Darwins weltimmanente Betrachtungsweise auch in die Humanwissenschaften eingedrungen und hat zu einer anthropologischen Begründung der Erziehung geführt. Dörpfeld ging vom Schöpfungsgedanken und von der christlichen Heilsgeschichte aus. Umso bemerkenswerter ist die Treffsicherheit, mit der er die

Schulerziehung der Familienerziehung zuordnet. Geht man nämlich in einem Gedankenexperiment in Anlehnung an Darwin davon aus, dass Kirche, Staat und andere gesellschaftliche Großmächte um das Überleben kämpfen, erkennt man deren brutal-egoistische Interessen an der Erziehung. Sie passen sich die Jugendlichen an und sehen Familie und Schule unter diesem herzlosen Aspekt. Die gesellschaftlichen Mächte haben in diesem Sinne kein Herz und brauchen es auch gar nicht. Sie brauchen „gutes Gebrauchsmaterial", brauchbare Jugendliche, und lenken Jugendliche mit ganz anderen Mitteln, als Familien und Schulen sie haben. Die Schule kann sich gesellschaftlichen Forderungen zwar nicht verschließen. Sie hat aber Partei für die Kinder zu ergreifen, nicht für die gesellschaftlichen Mächte. Sie hat den Jugendlichen zu helfen, trotz der egoistischen Anforderungen der Gesellschaft im Leben zu bestehen. Die Jugendlichen sollen als Erwachsene einmal den Mächten in der Gesellschaft mit kritischer Distanz dienen und ihnen zugleich gegenüberstehen.

4 Die freie Schulgemeinde

4.1 Vorbemerkung

Dörpfeld beginnt mit der Frage, ob die Armen-Erziehung in Pflegefamilien oder in Anstalten erfolgen solle. Er meinte, man solle sich nicht auf ein Entweder-Oder in Familien oder in Anstalten einlassen.[12] In der ersten Hälfte des 19. Jahrhunderts brachte man Waisenkinder oft in Pflegefamilien unter. Ihre Behandlung in diesen Familien konnte hart sein. Manche Pflegeeltern beuteten ihre Pfleglinge bei der Haus- und Feldarbeit aus. Es gab außerdem noch Industrieschulen, in denen Kinder stundenweise arbeiten mussten, um einen Teil des Schulgeldes mit zu verdienen. Die Schulen der allgemeinen Schulpflicht dagegen sollten keine reinen Unterrichts- sondern auch Erziehungsanstalten sein. Die Frage der Arbeit in Schulen war damals umstritten. Karl Marx deutete die Kinderarbeit um. Maßvoll konnte Kinderarbeit neben dem klassischen Lesen, Schreiben und Rechnen ein Mittel der Erziehung sein. Gegen Ende des 19. Jahrhunderts setzten sich die öffentlichen Schulen ohne Kinderarbeit durch, zugleich erkannten Pädagogen, dass die „Handfertigkeit" für die Erziehung belangvoll sein konnte (Kerschensteiner). Sie bildete ein Gleichgewicht gegenüber dem theoretischen Schulwissen. Obgleich alle diese Modelle mit der Erziehung in der Familie etwas zu tun hatten, ließ Dörpfeld sie beiseite. Sein Problem war die Schulkonstitution und ihre Erziehungswirksamkeit. Was meint er mit der freien Schulgemeinde? Warum sollte die freie Schulgemeinde eine größere Kraft haben, als die inzwischen überall in den deutschen Bundesländern etablierte, staatliche Halbtagsschule?

[12] Dörpfeld, Friedrich Wilhelm: Die freie Schulgemeinde und ihre Anstalten auf dem Boden der freien Kirche im freien Staate. Beiträge zur Theorie des Schulwesens. Gesammelte Schriften 8. Band, S. 3-332. Verlag Bertelsmann Gütersloh 2. Aufl. 1898, Zitat S. 26. Im Text kürze ich ab: FSch.

4.2 Die Schulgemeinde

Das Hauptkennzeichen der Schulgemeinde nach Dörpfeld ist die „gesonderte korporative Verbindung von Familien" zum Zwecke einer Schule für die eigenen schulpflichtigen Kinder oder für die Kinder der Kommune. Dörpfeld ging wohl von der Vorstellung „ein Dorf eine Schule" aus. Mit Dörpfelds Worten:

„Sie [die Schulgemeinde] fällt dem Begriffe nach nicht mit der kirchlichen, auch nicht mit der bürgerlichen Gemeinde zusammen, sondern ist eine gesonderte korporative Verbindung von Familien für die Bildung ihrer Kinder: eine reine Schulgemeinde. Sie wählt den Lehrer durch das Wahlkollegium, beaufsichtigt ihn durch den Schulvorstand, dessen Präses der Pfarrer ist, und hilft zur Unterhaltung der Schule durch Beiträge der beteiligten Familien (Schulgeld und freie Gaben)" (FSch, S. 36).

In diesem kurzen Zitat sind sieben Merkmale der freien Schule angesprochen, von denen sich einige in der Gegenwart erledigt haben, andere dagegen nicht. Gehen wir sie durch.

1. Die freie Schulgemeinde ist zuerst einmal eine Angelegenheit der Eltern. Sie sind der Souverän der Schule am Ort. Man muss ergänzen „im Rahmen der Gesetze" und „zusammen mit den Lehrern". Diese Souveränität der Schule war für ihn das wichtigste Merkmal und zugleich war es geeignet, die größten Kontroversen auszulösen. Die freie Schulgemeinde schränkte nicht nur die Befugnisse der staatlichen Administration ein, sondern schien auch die Eigenständigkeit der Lehrer im Schulunterricht ungebührlich zu berühren. Die Kultusministerkonferenz, so kann man heute ergänzen, wird ihre nahezu absolutistische Machtposition aus dem 18. Jahrhundert nicht gerne teilen und nach dem Subsidiaritätsprinzip Eltern und Schulen übertragen wollen. Das ist voraus zu sehen.

2. Die freie Schulgemeinde ist weder eine kirchliche, noch eine staatliche Angelegenheit. Der Staat soll selbstverständlich mit Gesetzen und mit der Schulaufsicht den Rahmen bestimmen und die Kirche sollte nach Dörpfeld angemessen beteiligt werden. Aber beide sollten die Eltern, die Lehrer und die

Kommune so weit als möglich in Ruhe und selbständig „Schule machen lassen". Dazu brauchte die Schule die entsprechende Konstitution, genau wie die Kirchengemeinde oder die politische Gemeinde ihre Verfassungen hatten. Deren Verfassungen waren hierarchisch aufgebaut. Die freie Schulgemeinde sollte ebenfalls einen solchen Aufbau haben. Sie sollte mit den gesellschaftlichen Mächten – wie man heute sagt – auf Augenhöhe verhandeln können. Gleichberechtigt – warum?

3. Die freie Schulgemeinde hat als alleinigen Zweck eine gute Schule. An der Zukunft der Kinder und Jugendlichen sind Staat und Kirche zwar auch interessiert, aber mit einer anderen Motivation. Sie wollen die besten Absolventen als Nachwuchs, die Versager interessieren sie nicht. Die Eltern dagegen, Ausnahmen gibt es, sind existenziell und selbstlos am Fortkommen und am Glück aller ihrer Kinder interessiert, ob diese begabt sind oder nicht. Die gesellschaftlichen Mächte gehen davon aus, was ihrem Vorteil dient. Eltern dagegen bringen auch heute noch für ihre Kinder erhebliche Opfer und nehmen hin, wenn dadurch ihr Leben eingeschränkt wird. Das erwartet die Gesellschaft ganz selbstverständlich von ihnen. Die Erzieher der Kinder, allein oder zu zweit, sind heute mehr als zu Zeiten Dörpfelds auf die Hilfe der Schule und der politischen Kommune angewiesen. Die Familien haben, soweit sie auch nur einigermaßen intakt sind, die Einzigartigkeit ihrer Kinder im Auge und im Herzen. Manche Eltern verteidigen ihre Kinder in der heutigen Zeit zuweilen übertrieben und ohne Rücksicht auf die Allgemeinheit. Man darf in der Verteidigung der Einzigartigkeit der ihnen „zugehörigen" Kinder nicht nur das Übertriebene sehen, sondern den mutigen Willen, den Kindern den Weg in eine komplizierte Welt möglichst gut zu ermöglichen.

Wenn Söhne und Töchter straffällig werden, bevor sie vor dem Gesetz strafmündig sind, macht die Gesellschaft wie selbstverständlich die Eltern dafür verantwortlich. Sie sind es, die gegebenenfalls vor Gericht Rede und Antwort stehen müssen und nicht das staatliche Schulamt oder die Schulleitung oder der Schuldezernent der Gemeinde. Die Eltern tragen das Risiko, ob Erziehung gelingt oder misslingt und haben in der Schule, wie sie heute konstituiert ist, doch nur wenig zu sagen.

4. Die freie Schulgemeinde wählt durch ein Wahlkollegium den Hauptlehrer, wie der Rektor damals in einigen Gegenden hieß. Dörpfeld ging von einem Schulrektorat mit starken Vollmachten aus. In kleinen Schulen auf dem Lande bedeutete der Rektor mehr als in Stadtschulen. Dörpfeld selbst ist das Beispiel des starken Schulleiters einer vierklassigen Schule. Er genoss weit über seinen Wohnort hinaus hohes Ansehen. Es gibt heute nur noch mehrklassige Schulen. Daher muss man diese Forderung Dörpfelds ergänzen. Die freie Schulgemeinde muss nicht nur den Rektor, sondern den Zugang aller Lehrer und Lehrerinnen aus einer angemessenen Rechtsposition heraus mitbestimmen. Das ist für viele Lehrerinnen und Lehrer wahrscheinlich ein befremdender Gedanke, aber für eine Zusammenarbeit von Familie und Schule ist er nötig.

5. Die freie Schulgemeinde hat die Schulaufsicht über die Schule am Ort. Dörpfeld unterscheidet nicht zwischen einer Schulaufsicht, die sich um das Leben der freien Schulgemeinde im Ganzen kümmert und einer Schulaufsicht, die den Unterricht und seine Qualität sachgemäß kontrolliert. Das kann angemessen geregelt werden, so dass die staatliche Aufsicht die letzte Kontrolle behält.

6. Die freie Schulgemeinde hat den Pfarrer des Ortes zum Präses. Diese Forderung ist obsolet. Das liegt auf der Hand. Es ist die Frage, ob überhaupt ein „geborener Präses" der Schulgemeinde vorstehen sollte. Folgerichtig wäre es, wenn die freie Schulgemeinde ihren Vorsitzenden aus ihrer Mitte oder von auswärts nach fachlichen Gesichtspunkten wählt. Zur Sicherung einer guten Entscheidung könnte der Gewählte der höheren Instanz der freien Schulgemeinde zur Bestätigung präsentiert werden. Die Bezirksschulgemeinde könnte beispielsweise das Recht haben, die Wahl zu bestätigen oder begründet zurückweisen.

7. Das Schulgeld spielt bei der Unterhaltung der Schulen heute keine Rolle mehr. Allerdings würde sich Dörpfeld vermutlich wundern, dass die Kindergärten kostenpflichtig sind und unter der Verwaltung der Innenministerien stehen. Der Besuch des Kindergartens ist freiwillig. Für viele Kinder, deren Eltern am Kindergarten sparen wollen oder müssen, wäre es wichtig, spielerisch zu lernen, wie man mit Bilderbüchern und Malstiften umgeht, dass man selbstvergessen bauen und beim Vorlesen zusammen mit andern hingegeben zuhören kann. Das und noch anderes, was der Kindergarten zu bieten hat, bereitet das Lesen und Schreiben und das Einmaleins vor. Hier liegt eine Quelle sozialer Ungerechtigkeit, die ein öffentlicher Skandal ist. Das Universitätsstudium ist in den Bundesländern kostenfrei, der Kindergarten nicht.

Das Neue von Dörpfelds Vorschlag liegt in der Wahl des Vorstandes und in dem Aufsichtsrecht in erster Instanz. Der Schulvorstand wird von der korporativen Verbindung der Eltern gewählt. Was ist die Begründung für diese Verlagerung der Kompetenz von der Kirche und vom Staat auf die Eltern und die freie Schulgemeinde? Dörpfeld bestimmte die Stellung der Schulanstalten zu den „drei Mächten des öffentlichen Lebens". Er unterschied den Nährstand, der Fachschulen wolle (damals die Landwirtschaft und die gewerblichen Vereine) (S. 40-43); ferner das kirchliche Leben (S. 43-48) und die politische Gesellschaft, den Staat (S. 48-68). Er verwies hierbei auf die Rechte der Gemeinden in der Schweiz (S. 51) und kritisiert nebenbei die Sucht der Behörden, zentrale Lehrpläne zu machen. Er analysierte die Hindernisse einer „Schulentwicklung" (FSch, S. 52-53) und erklärt lapidar:

„Der Lehrer bekleidet ein Vertrauens-Amt, nicht ein obrigkeitliches" (S. 53).

Damit wandte er sich gegen „das Dogma, dass das öffentliche Schulwesen ein integrierender Teil des Staates sei" (FSch, S.61).

„Der übermäßig centralisierte Staat, und zumal ein solcher, der neben seinen eigenen Angelegenheiten auch das Bildungswesen und die Kirche regieren will, gleicht einem Menschen, der an Blutandrang nach dem Kopfe leidet: der Kopf ist heiß, Hände und Füße sind kalt, – ein böser, gefährlicher Zustand" (FSch, S. 67).

Heute muss man diese Analyse Dörpfelds modifizieren. Dann ist sie immer noch gültig. Er erkannte das lebendige Interesse der großen gesellschaftlichen Mächte an. Es ließen sich neben Kirche und Staat und Nährstand noch viele andere gesellschaftliche Mächte nennen, die ein Interesse an der Schulbildung haben. Sie alle sind von ihrer Struktur her große, rücksichtslose Egoisten. Man kann ihnen daraus keinen Vorwurf machen. Sie suchen sich aus der heranwachsenden Jugend möglichst die besten aus, die sie zu ihrer Selbsterhaltung und zu ihrem Erfolg brauchen. Die ungeeigneten Jugendlichen bleiben links liegen. Die Institutionen können bestehen, auch wenn ein Schulsystem in gesellschaftliche Klassen gegliedert ist, und Kinder in der Holzklasse wissen, dass sie weniger gute Chancen im Leben haben als die Kinder der gepolsterten ersten oder zweiten Waggonklasse. Die gesellschaftlichen Mächte brauchen keine „wahrhaften Erziehungsinstitute", wie Dörpfeld sagt. Sie schmerzt es nicht, wenn Kinder „durchfallen", ganz im Gegenteil, sie fordern Leistung und sie wählen nach Leistung aus. Sie stellen die Jugendlichen an und richten sie nach ihren Zwecken aus. Die Eltern trifft es hart, wenn ihre Kinder durchfallen und in der Schule nicht mitkommen. Den gesellschaftlichen Mächten ist das egal. Sie sind an Hochleistungen der Schule interessiert, nicht am Wohlergehen aller Familien. Die Erziehungsberechtigten dagegen und die elementaren Schulen wollen in erster Linie die Kinder um der Kinder willen erziehen.

„Die vorstehende Umschau auf dem Gebiet der realen gesellschaftlichen Mächte, auf dem des Staates, der Kirche und des volkswirtschaftlich-bürgerlichen Lebens, hat, wie uns dünkt, neben anderem auch dies genugsam dargetan, dass es nicht ratsam sein kann, die allgemeinen Bildungsanstalten mit dem ganzen Detail ihrer Einrichtung und ihres Lebens der unbeschränkten Einwirkung jener Gewalten auszusetzen, weil sie dabei Gefahr laufen, an ihrer Bestimmung und Befähigung, wahrhaft Erziehungsinstitute zu sein, Schaden zu nehmen. Ist die wahre Natur dieser Schulen und namentlich das, was zu ihrem familienhaften Charakter gehört, theoretisch klar erkannt und festgestellt, so muss eine äußere Schulverfassung gesucht werden, welche vor allem geeignet ist, jene Gefahr abzuwehren, so dass die fundamentalen Stücke der Schuleinrichtung und des Schullebens den öffentlichen Mächten gegenüber gleichsam für heiliges Land gelten, gerade wie die Familie" (FSch, S. 67).

Daran gebricht es. Das zeigt der desolate Zustand vieler Familien, in denen beide Eltern arbeiten müssen, oft nicht einmal am Wohnort. Viele Familien können nur mit Mühe ein Familienleben aufrechterhalten. Im Kapitel über das Familienprinzip kommt Dörpfeld auf den Wunsch begüterter Eltern zu sprechen. Sie schicken ihre Kinder auf private Einrichtungen. Das lehnt Dörpfeld ab.

„Es kann ja vorkommen, dass Eltern mit Recht über die mit der öffentlichen Volksschule verbundenen Elementarklassen zu klagen haben. Aber wenn die Schulen für die wohlhabenden Leute zu schlecht sind, dann sind sie es auch für die geringen Bürger" (FSch, S. 73).

Das ist ein starkes Argument für die freie Schulgemeinde. Heute könnte man sagen: Er klagte die Solidarität der Gesellschaft im Schulwesen ein. Die aufrichtige Sorge um die Erziehung der eigenen Kinder hat keine Möglichkeit, an der Gestaltung der Schule mitzuarbeiten. Die Kraft der Privatschulen geht in die Separation, die freie Schulgemeinde dagegen lenkt die Kraft der solidarischen Eltern in die Integration. Die Kirchen, besonders die katholische Kirche, befürworten das Subsidiaritätsprinzip. Die freie Schulgemeinde kann es verwirklichen.

Dörpfeld konnte im Rheinland an bestehende Einrichtungen anknüpfen. Der Schulvorstand (Verwaltungsausschuss) besteht nach seinem Vorschlag aus drei Personen, aus dem Präses, zwei Familienmitgliedern des Schulbezirks und aus dem Lehrer bzw. dem Hauptlehrer der Schule. Die freie Schulgemeinde knüpft an die zu wenig gewürdigten, demokratischen Einrichtungen in der deutschen Schulgeschichte an. In der heutigen Zeit wird die Demokratie von manchen in Zweifel gezogen.

Die Weimarer Verfassung und das Grundgesetz werden von manchen Kritikern als Auswirkungen der von Deutschland verlorenen Weltkriege gedeutet. Eine solche Deutung vergisst die Kämpfe um demokratische Verfassungen in den Ländern des Deutschen Bundes im 19. Jahrhundert. Dörpfeld war das Ringen um die

Konstitutionen in den deutschen Staaten gegenwärtig und auch die demokratischen Traditionen deutscher Schulverfassungen.[13]

„In manchen Gegenden sind die Anfänge zu einer lebendigen Schulgemeinde unter dem Namen ‚Schulsozietät' oder ‚Schulbezirk' gesetzlich begründet. Da braucht die Organisation nur vervollständigt, resp. verbessert zu werden" (FSch, S. 73).

Dörpfeld ging von den Funktionen der Schulgemeinde am Ort aus. Mit seinen Worten:

„Die vollständig organisierte Lokalschulgemeinde muss dreierlei Funktionen ausüben; dazu sind also drei geeignete und kompetente Organe erforderlich: eins zur Leitung der schulgemeindlichen Angelegenheiten und zur Beaufsichtigung der Schule: ein eigentlicher Verwaltungsausschuss (Schulvorstand); eins zur Wahl des Lehrers, und eins zur Unterhaltung der Schule, soweit diese der Lokalgemeinde obliegt" (FSch, S. 86).

Die schulgemeindlichen Angelegenheiten erledigt in unserer Zeit ein Kulturreferent der Stadt und der Stadtkämmerer. Die Kommunen übernehmen die Aufgabe, Schulgebäude zu errichten und Schulen mit einem Etat auszustatten. Sie beteiligen sich jedoch nicht an der Gestaltung der Schulen im Stadtgebiet, obwohl sie selbst direkt und empfindlich betroffen werden, wenn Jugendliche verwahrlosen. Um ein Beispiel zu wiederholen: In vielen Städten bilden sich Initiativen von Eltern und Lehrern, die eine Montessori-Schule oder eine andere Reformschule errichten wollen. Sie sind meistens in der Lage, die Vorzüge der von ihnen vorgeschlagenen Schule nachvollziehbar zu begründen oder durch Verweise auf schon bestehende Schulen zu demonstrieren. Es wäre naheliegend, dass ein Gemeinderat die Frage

---

[13] In Siebenbürgen unterhielten die deutschsprachigen evangelisch-sächsischen Gemeinden die Schulen. Die Gemeinden wählen auch heute noch die Pfarrer, und sie wählten bis zum Zweiten Weltkrieg auch die Lehrer. Dörpfeld kannte die siebenbürgisch-sächsischen Schulen.

diskutiert und – wenn er eine Reformschule für eine gute Sache hält – die Gründung unterstützt und einer bestehenden Schule erlaubt, sich ein unverwechselbares Profil zu geben. Die Genehmigung einer privaten Schule unterliegt mit Recht einer strengen Prüfung. Aber auch staatliche Schulen können evaluiert und streng geprüft werden, ob sie ihrem Profil gerecht werden. Der Schulrat hätte dann Schulen zu prüfen, keine Schulklassen, in denen ihm Musterlektionen vorgeführt werden, wie zu Zeiten von Tuiskon Ziller und Wilhelm Rein. Die Kommune kann von lebendigen freien Schulgemeinden und freien Schulen nur profitieren. Daher sollte sie diese fordern und fördern.

„Schon die Herstellung einer rechten Lokal-Schulgemeinde ist in unseren Augen eine so wichtige Sache, dass die Schulleute gerade sie als die eigentliche ‚Schulfrage' ansehen sollten" (FSch, S. 89).

Mit Schulleuten sind die Verantwortlichen für die Schule gemeint. Heute sind das die Kultusverwaltungen der Länder und die für die Schulen zuständigen Ausschüsse der Parlamente. Sie sollten erkennen, welch ein großes Erziehungspotential sie mit den freien Schulgemeinden vor Ort entbinden könnten. Die Schulgemeinde am Ort ist das Herzstück des Schulwesens und verdient heute die größte Aufmerksamkeit der Parteien, der Parlamente und der Kultusminister. Ihre Einführung wäre relativ billig, ihre Wirkung – wenn sie gelingt – groß. Natürlich könnte es bei der Einführung des Subsidiaritätsprinzips im Schulwesen und bei der Einrichtung von Schulgemeinden Anfangsschwierigkeiten geben. Aber sie wären mit Hilfe der staatlichen Schulaufsicht und der Unterstützung der Kommunen überwindbar. Es gibt genügend gesellschaftliche Sicherungen, um die Kräfte einer freien Schulgemeinde auszubalancieren. Die Schulverfassungen müssten sowieso der Schulaufsicht vorgelegt werden. Wir haben heute statt der freien, emanzipierten Schulgemeinden eine Staatsvormundschaft wie schon zu Dörpfelds Zeiten.

„Aber es ist ein Irrtum, wenn man die Staatsvormundschaft für ganz naturgemäß und darum für ewig gültig hält; auch braucht niemand zu befürchten, ohne eine direkte staatliche Leitung des öffentlichen Bildungswesens werde die Barbarei hereinbrechen. Die naturgemäßen, rechten Hände zur Verwaltung der öffentlichen Unterrichts- und Erziehungsangelegenheiten sind nicht die des Staates, auch nicht die der Kirche, auch nicht die einer bürgerlichen, landwirtschaftlichen oder gewerblichen Genossenschaft, sondern einzig und allein die der Familien in ihrem Zusammenschluss zu korporativen Schulgemeinden" (FSch, S. 98).

Dörpfeld unterschied eine „Gesamtschulgemeinde" und eine „Lokalschulgemeinde". Das ist notwendig, weil in größeren Städten verschiedene Schulgemeinden koordiniert werden müssen. Das ähnelt der Organisation von Kirchengemeinden, von denen die eine schwächer ist als die andere und daher die ärmeren von den reichen Hilfe erhalten können (FSch, S. 99). Dörpfeld unterschied ferner eine „Repräsentation" und einen „Erziehungsrat" der Gesamtschulgemeinde. Die Schulrepräsentation sollte es wegen der Erhaltung der Schulen geben. Sie sollte mit der Kommune und mit dem Staat verhandeln. Sie war als so etwas wie ein „Außenministerium der freien Schulgemeinde" gedacht. Der Erziehungsrat sollte die „Sittenaufsicht" ausüben, war also für Fragen der Erziehung gedacht (S. 100). Der Begriff **„Sittenaufsicht"** hatte damals einen völlig anderen Klang. In die heutige Zeit übersetzt muss man sich den Erziehungsrat Dörpfelds wie ein Frühwarnsystem der Kommune und wie eine Schulberatung denken, die den Lehrerinnen und Lehrern in Konfliktfragen zur Seite steht. In manchen Schulklassen der Großstädte geht es drunter und drüber und Unterricht ist kaum möglich. Der Erziehungsrat ist gefordert, so kann man formulieren, wenn Vorkommnisse noch nicht von der Polizei und von einem Staatsanwalt erfasst werden, aber offensichtlich in die Richtung einer Verwahrlosung weisen.

Die Kulturdezernenten einer Stadt und die Gemeinderäte sind überfordert, wenn Halbwüchsige die Schule regelmäßig schwänzen und einen Vorort drangsalieren. Der Erziehungsrat könnte die beginnende Vernachlässigung und Verwahrlosung der Jugend im öffentlichen Raum früh erkennen. Die frühe Erkennung ist wichtig und ebenso die Zusammenarbeit mit Jugendämtern. Was geschieht, wenn den Anfängen nicht gewehrt wird, kann man in manchen deutschen, französischen und belgischen Vororten besichtigen, von denen die Medien berichten. Es ist verheerend, dass die Öffentlichkeit anfängt, das als Normalität zu betrachten. Man kann in freien Schulgemeinden den Anfängen noch wehren. Alles, was sich selbst überlassen bleibt, verschlechtert sich. Erwähnt sei an dieser Stelle noch, dass Dörpfeld zwischen einer „Schulordnung" und einer „Schulgemeindeordnung" unterscheidet (FSch, S. 104).

4.3 Die Organisation der freien Schulgemeinde

Dörpfeld entwarf ein Landesschulgesetz, in der die freie Schulgemeinde einen Platz haben sollte. Es hatte zehn Paragraphen, die heute nur deswegen interessant sind, weil sie den Geist zeigen, in dem die Länder Schulen halten sollten. Es gilt auch hierbei, dass vieles überholt ist, das Prinzip jedoch bleibt gültig (FSch, S. 105-106). Bemerkenswert ist, dass er überhaupt vorschlug, die freie Schulgemeinde gesetzlich und generell zu regeln. Drei Beispiele:

> (1) Die Konfession, wie Dörpfeld forderte, könnte das öffentliche Schulwesen heute nicht mehr flächendeckend strukturieren. Das wäre nicht durchzusetzen und auch nicht wünschenswert. Die Simultanschule hat sich durchgesetzt.
>
> (2) Die Schulkosten sollte jedes mündige Mitglied der Kommune tragen, nicht nur die Mitglieder der freien Schulgemeinden. Heute trägt jeder Steuerzahler das Schulwesen mit, ob er Kinder im Schulalter hat oder nicht.
>
> (3) Jeder, der dazu befähigt sei, dürfe Unterricht erteilen. Heute ist es nur in Notfällen noch denkbar, Quereinsteiger für den Unterricht für die Primarschulen anzuwerben, so wie das Kultusminister Paul Mikat in den 1960er Jahren in Nordrhein-Westfalen tat. Das Schulwesen sollte auf gesetzlicher Basis organisiert werden.

Er gab folgende Übersicht, für die **„Organisation der Schulgemeinden"**:

Schulgemeinde	Organe	Anstalten
Provinzial-Schulgemeinde	-	Gymnasien, Aspirantenschulen und Seminarien, Institute für Blinde, Taubstumme usw.
Kreis-Schulgemeinde	Schulinspektor, Schulsynode, Repräsentation	Pro-Realschule, Pro-Gymnasium, Realschule
Gesamt-Schulgemeinde	Verwaltungsausschuss, Erziehungsrat, Repräsentation	Die „deutschen Schulen" (Pro-Realschule, Pro-Gymnasien, höhere Töchterschule)
Lokal-Schulgemeinde	Verwaltungsausschuss, Erziehungsrat, Repräsentation	Die „deutsche Schule"

4.4 Der Aufbau der Schulgemeinden

Dörpfeld verzichtete darauf, sich auf der Ebene der Provinz-Schulgemeinde im Detail festzulegen. Außerdem wusste er noch nichts von Berufsfachschulen. Sie entstanden erst nach dem Ersten Weltkrieg. Dafür kannte er noch sog. „Vorschulen" und „höhere Töchterschulen". Die zukünftigen Realschüler oder Gymnasiasten hatten an manchen Orten besondere Vorbereitungsklassen, Vorschulen genannt. Anders als die „deutschen Schulen", wie Dörpfeld die Volksschulen nennt, hatten sie nur drei, nicht vier Schulklassen. Die Weimarer Verfassung verbot die Vorschulen (Pro-Realschulen und Pro-Gymnasien) ausdrücklich.

4.5 Die Aufnahme der Schulverfassung

Der Vorschlag Dörpfelds, die Schulen in freien Schulgemeinden zu organisieren, fand in seiner Zeit keine günstige Aufnahme. Die Tochter Dörpfelds, Anna Carnap, berichtet von der Einsamkeit ihres Vaters.

„Es war das ‚Gegen den Strom schwimmen', das Alleinstehen, Alleinkämpfen, was ihm zuweilen schwer wurde, ihn müde machte." Sie verglich ihren Vater mit einem Offizier, der mutig vordringt und sich umblickend „plötzlich gewahr wird, dass er allein steht ... keiner der Seinen ihm beisteht, ihn schützt, sondern dass sie längst zurückgeblieben sind" (Carnap 1903, S. 417).

Diesterweg referiert die Idee Dörpfelds zunächst und urteilt dann:

„Nach den dargelegten Grundsätzen läßt sich ein vollkommener, alles umfassender Organisationsplan über die Stellung der Schule entwerfen. ... Es ist das gründlichste, vollständige Werk über die Schulorganisationsfrage, welches bis jetzt erschienen ist, ein Werk aus einem Prinzip, aus einem Gusse, es verbreitet sich über alle Zweige des Schulwesens bis hinauf zur Universität, es enthält nebenbei eine Menge beachtenswerter Ansichten und Rücksichten, Summa: es ist ein Werk von hoher Bedeutung, das von keinem, der über Schuleinrichtung und Schulgesetzgebung seine Stimme abgeben will, übersehen werden darf. Für die Lehrer zumal ist es ein Werk tiefer Überlegung und ernsten Studiums" (zitiert nach Goebel 1976, S. 174).

5 Das baden-württembergische Gesetz vom 8. Februar 1967 und die Freie Evangelische Schule Reutlingen

5.1 Vorbemerkung

Wenn man erkennt, dass die Schulverfassungsidee von Friedrich Wilhelm Dörpfeld erstaunlich modern ist und für die Festigung der demokratischen Struktur der Bundesrepublik Deutschland und der Bundesländer eine Hilfe wäre, dann erhebt sich die Frage, wie die Fortschreibung der Idee heute aussehen könnte. Das kann in diesem Essay nur angedeutet werden. In Baden-Württemberg entstand im Jahre 1967 ein Gesetz, das – ohne die Absicht des Parlamentes – die Schulverfassung einer freien Schule nach Dörpfeld auf kommunaler Ebene eingeschränkt ermöglichte. Das Gesetz soll in diesem Kapitel in den Grundzügen dargelegt und seine Möglichkeiten und Grenzen aufgezeigt werden.[14]

Das baden-württembergische Gesetz vom 8. Februar 1967 gestattete für einige klar bestimmte Orte in Südwürttemberg-Hohenzollern die Errichtung von Freien Schulen. Eine dieser Schulen, die „Freie Evangelische Schule" in Reutlingen, versuchte das Modell einer Schulgemeinde nach Friedrich Wilhelm Dörpfeld so gut als möglich zu verwirklichen. Das war auf der Grundlage des Gesetzes möglich. Das Gesetz könnte leicht in eine zeitlich nicht begrenzte Form gebracht werden. Es könnte die Umwandlung von staatlichen Schulen in freie Schulen in freien Schulgemeinden im ganzen Land möglich machen. Das wiederum könnte ein Vorbild für andere Bundesländer sein.

---

[14] Gesetzblatt für Baden-Württemberg 1967 S. 7

5.2 Der Anlass des Gesetzes

Das Gesetz kam in einer einzigartigen politischen Konstellation zustande. Baden-Württemberg bestand seit dem Zusammenschluss der beiden Südweststaaten zu einem Bundesland im Jahre 1952 aus vier Landesteilen. Im Jahre 1962 begann eine Schul- und Bildungsreform. Die Regierung überführte die Pädagogischen Institute in Pädagogische Hochschulen. Die Volksschule erhielt ein neuntes Schuljahr zur Erfüllung der Schulpflicht. Die gymnasiale Oberstufe wurde reformiert. Zahlreiche staatliche Fachschulen erhielten den Status von Fachhochschulen. Die christliche Gemeinschaftsschule trat an die Stelle der konfessionellen Bekenntnisschulen. Nur Südwürttemberg-Hohenzollern bildete eine Ausnahme und behielt Konfessionsschulen bei.

Die sozialdemokratische Opposition lehnte die Konfessionsschulen in Südwürttemberg-Hohenzollern ab, während die CDU sie beibehalten wollte. Als nach den Wahlen im Jahre 1964 die Christdemokraten und die Sozialdemokraten eine Koalitionsregierung bildeten, einigten sie sich darauf, die Konfessionsschulen abzuschaffen, obgleich es in der katholischen Kirche Stimmen gab, welche die Beibehaltung der Konfessionsschulen forderten. Die evangelischen Landeskirchen verhielten sich zu der Schulfrage neutral und hatten mit der Einführung von Simultanschulen kein Problem.

Um die kulturpolitischen Wogen zu glätten, erließ die neue Regierung ein außergewöhnliches Gesetz. Es scheint auf den ersten Blick ein zeitlich begrenztes Trostpflaster für den Verlust der Konfessionsschulen zu sein und war das wohl auch. Wenn man das Gesetz jedoch daraufhin prüft, ob es auch ohne zeitliche Beschränkung gelten könnte, dann ist es revolutionär und genau in dem schulpolitischen Sinn, den Dörpfeld mit seinem Vorschlag der freien Schule in der freien Schulgemeinde beabsichtigte. Allerdings ermöglicht das Gesetz nicht den Aufbau von freien Schulgemeinden in drei Ebenen – Kommune, Bezirk, Land.

5.3 Gesetz zur Ausführung von Art. 15 Abs. 2 der Verfassung vom 8. Februar 1967[15]

Das Gesetz sah in § 1 vor, dass eine am 31. März 1966 in Südwürttemberg-Hohenzollern als Bekenntnisschule eingerichtete öffentliche Volksschule (Grund- und Hauptschule) in eine staatlich geförderte private Bekenntnisschule umgewandelt werden konnte, wenn sie die für den Betrieb einer privaten Ersatzschule nach dem Privatschulrecht notwendigen Voraussetzungen erfüllt habe. Der Staat Baden-Württemberg bot die Umwandlung öffentlicher, konfessioneller Volksschulen (Grund- und Hauptschulen) in private Ersatzschulen an.

Schon das ist im 20. Jahrhundert auffallend; denn es geht gegen die Tendenz eines starken, staatlich verwalteten Schulwesens. Private Schulen gab es im 20. Jahrhundert und gibt es auch noch heute. Dass aber der Staat Elterninitiativen erlaubte, aufgelöste Konfessionsschulen neu zu gründen, ist außergewöhnlich und zeichnet dieses Gesetz aus. Der Staat verzichtete freiwillig unter umschriebenen Voraussetzungen auf seine Schulgewalt und legte sie in die Hand von Eltern.

Achtzig Elternpaare mussten sich zu einer Schulgründung finden und zusammenschließen. Private Ersatzschulen werden finanziell besser unterstützt als Privatschulen. Private Schulen haben eine pädagogische Freiheit und müssen einen Teil der Kosten selbst tragen. Ersatzschulen werden vom Staat finanziell voll getragen. Der Sinn von „privat" hat sich bei Ersatzschulen ganz verschoben. Er bedeutet nicht, dass die Eltern zum Erhalt der Schule beitragen müssen, sondern dass in der untersten Instanz ein gemeinnütziger Verein die Schule beaufsichtigt, nicht – wie sonst üblich – der Staat und seine Behörden.

---

[15] Die Darstellung und Erläuterung geht von der Änderung des Gesetzes durch die Verordnung vom 19. März 1985 aus (GBl. S. 71); Art. 27, Verordnung 17. Juni 1997 (GBl. S. 278); Art. 14.)

Das Land Baden-Württemberg wandte an dieser Stelle das Subsidiaritätsprinzip genauso an, wie es Dörpfeld vorschwebte, ohne dass er den Begriff Subsidiarität schon kannte.

Welches waren die weiteren Voraussetzungen? Nach dem Gesetz mussten, wie wir hörten, die Erziehungsberechtigten von mindestens 80 Schülern, die eine von dem Schulträger getragene öffentliche Volksschule besuchten, den Antrag stellen. Das Gesetz forderte für Grundschulgründungen die erste Anmeldung von 40 Schülern, für Hauptschulen von 65. Er nahm Rücksicht auf den Aufbau der Schulen. Der Antrag konnte bis zum 1. Juni 1973 gestellt werden. Eine Verlängerung der Frist war zwar möglich, aber das Land war nicht bereit Zwergschulen zuzulassen.

Die Eltern mussten einen gemeinnützigen Verein gründen, die Schule musste von einer juristischen Person geführt werden. Das Gesetz ermöglichte nicht nur, sondern forderte geradezu eine auf Vereinsbasis organisierte „freie Schulgemeinde". Das ist eine bemerkenswerte Lösung des Konflikts zwischen Anhängern von Konfessionsschulen und Anhängern von Simultanschulen. Das Problem wird den Eltern überlassen und der Konflikt dadurch entschärft.

Das Gesetz beschränkte die konfessionellen privaten Ersatzschulen auf größere Orte. Es musste in dem Ort, wo eine konfessionelle private Schule errichtet werden sollte, mindestens eine weitere Schule vorhanden sein, in der die allgemein geltenden Vorschriften für die Volksschule gewährleistet waren. Damit machte das Gesetz den Eltern die Wahl zwischen zwei oder mehr Schulen möglich. Eltern, die keine Konfessionsschule wollten, waren nicht gezwungen, ihr Kind in die einzige Schule am Ort zu schicken. Das entsprach dem Recht der Eltern von Gymnasiasten in größeren Städten.

Diese Lösung erhält jedoch auch noch eine weitere, interessante Aussage. Man kann zwar zwischen freien Konfessionsschulen und staatlichen Schulen unterscheiden. Aber man muss wissen, dass beide Schulverfassungen unter der Aufsicht des Staates stehen, und beide sich zur Konfession bekennen, aber in unterschiedlicher Weise. Die Konfessionsschule will im Geiste einer Konfession erziehen, nimmt jedoch auch Kinder einer anderen Konfession und selbst Kinder von gleichgültigen Eltern auf. Die Simultanschule weiß, dass sie von evangelischen und katholischen Schülerinnen und Schülern besucht wird und dass sie die Kinder nicht gegen die Familie, sondern mit der Familie erziehen muss. Von konfessionellen Schulen wird erwartet, dass sie die Schüler zu einer toleranten Haltung gegenüber allen Menschen im Lande erziehen, von den Simultanschulen ist zu erwarten, dass sie die Schüler im Geiste der Ökumene erziehen; denn sie sind in diesem Sinne begründet worden.

Als Karl Rösch im Jahre 1847 die Anstalt für geistig behinderte Kinder in Mariaberg auf der Schwäbischen Alb mit einem feierlichen Gottesdienst eröffnete, lag dieser in den Händen eines evangelischen und eines katholischen Pfarrers. Die Funktion der Konfessionsschulen und die der Simultanschulen unterscheidet sich nicht so sehr nach der Stellung zur christlichen Konfession. Es stehen sich vielmehr spirituelle Gleichgültigkeit und bewusste Pflege der Spiritualität gegenüber. Es herrscht heute ein Wildwuchs in spirituellen Fragen. Unter den Eltern in Simultanschulen gibt es diesbezüglich große Unterschiede. Es gibt Eltern, die arbeiten in Kirchengemeinden aktiv mit und andere, die jede religiöse Erziehung schroff ablehnen. Worauf es in unserer Zeit ankommt: Keiner Schule, weder einer konfessionellen noch einer simultanen oder einer humanistisch ausgerichteten Schule, kann die Hilflosigkeit der Schulabsolventen gegenüber gefährlichen Heilsversprechen gleichgültig sein. Konfessionsschulen und Simultanschulen sind in einem wichtigen Punkt gleich rechenschaftspflichtig. Wir leben in Zeiten von einem neu erwachenden, gespenstigen Nationalismus und von pseudoreligiös auftretenden politischen Sekten. Beide suchen und finden unsichere Jugendliche, die alle Absolventen von Schulen der allgemeinen Schulpflicht sind. Die Schulen mit ihrer Schulpflicht hätten ihnen – zusammen mit den Erziehungsberechtigten und -verpflichteten – Halt und Orientierung geben sollen. Daran sollte die Gesellschaft die Schulen jeder Couleur messen.

Die scheinbar kleine Bestimmung der Wahlfreiheit in größeren Städten enthält eine starke pädagogische Aussage zum Thema spirituelle Erziehung in den Schulen eines Landes, welche die Kulturhoheit ernst nimmt. Der Staat sollte nicht nur effektive Schulen hinsichtlich des Sachwissens ermöglichen, sondern er soll auch darauf achten, welcher Geist das Leben in der Schule bestimmt. Das ist in unserer Zeit keine leichte Aufgabe. Die Schülerinnen und Schüler werden nach dem Gesetz mit vierzehn Jahren religionsmündig. In Wirklichkeit entlassen die meisten Schulen ihre Schülerinnen und Schüler religionsunmündig.

Die Anmeldung der Schüler sollte nach dem Gesetz des Jahres 1967 bei dem privaten Schulträger erfolgen. Die staatlichen Förderungen gingen erstaunlich weit.

1. Sie umfassten den Ersatz der persönlichen Kosten für die in ihrem Dienst stehenden Lehrer. Es sollten allerdings nicht mehr Lehrerstellen als in öffentlichen Schulen gewährt werden. Die Ersatzschulen und die staatlich geführten Schulen waren gleichgestellt.

2. Sie umfassten den Ersatz der laufenden notwendigen sächlichen Schulkosten. Diese Bestimmung entlastete die Kommunen, die in staatlich geführten Schulen den Sachaufwand zu tragen haben.

3. Sie umfassten den Ersatz der Kosten für die Beschaffung des von der obersten Schulaufsichtsbehörde als notwendig anerkannten Schulraums.

Weitere Bestimmungen regelten die Aufgaben der Gemeinden, Gemeindeverbände und Zweckverbände; sie brauchen hier nicht weiter aufgeführt zu werden. Bei Kontroversen der Erziehungsberechtigten waren die Vorschriften des Gesetzes über die religiöse Kindererziehung entsprechend anzuwenden.[16]

Lehrer an öffentlichen Schulen konnten auf ihren Antrag zur Dienstleistung an einer freien Schule beurlaubt werden und waren den Lehrern in staatlich geführten Schulen als Beamte und in der Bezahlung gleichgestellt.

---

[16] Vom 15. Juli 1921 (RGBl. I S. 939)

5.4 Die Freie Evangelische Schule Reutlingen

Auf der Grundlage dieses Gesetzes ist die Freie Evangelische Schule Reutlingen im Jahre 1973 entstanden, kurz bevor sich das vom Gesetz vorgesehene Zeitfenster schloss. Maßgeblich für die Gründung war Werner Reininghaus, Professor für evangelische Theologie an der Pädagogischen Hochschule Reutlingen. Er kannte die pädagogisch einschlägigen Schriften Martin Luthers zur Erziehung und arbeitete an einer Geschichte der Schule seit der Reformationszeit. Die Arbeit ist nicht fertig geworden; denn er stellte sie zurück, um auf der Grundlage des Gesetzes von 1967 eine freie Schule zu gründen. Er kannte Leben und Werk von Friedrich Wilhelm Dörpfeld und seine Idee einer freien Schule in einer freien Schulgemeinde. Ich war damals an der PH Reutlingen sein Kollege. Er sprach mich auf die Schulgründung hin an. Da ich Dörpfeld ebenfalls schätzte, fiel es mir nicht schwer, ihn bei der Schulgründung zu unterstützen. Reininghaus gewann einen Studierenden des Lehramtes, der kurz vor seinem Examen stand, Otto Schaude (1944-2016).[17] Er fiel schon als Student durch seine Persönlichkeit auf und war sehr geeignet, als erster Lehrer die erste Schulklasse einer „Freien Evangelischen Schule" zu leiten. Er beteiligte sich intensiv an der Vorbereitung der Schulgründung. Er wurde zwar nicht ihr erster Lehrer, aber ihr erster gewählter Rektor.[18] Ich habe die Schwierigkeiten in der Vorbereitungszeit, aber auch die große Freude nach der erfolgreichen Gründung und den Geist des sich anbahnenden Schullebens in den ersten drei Jahren aus nächster Nähe miterlebt.

---

[17] Otto Schaude studierte von 1963 bis 1965 an der Pädagogischen Hochschule in Reutlingen. Anschließend wurde er Lehrer der Grund- und Hauptschule im Reutlinger Ortsteil Orschel-Hagen. Von 1970 bis 1975 war er Leiter der Grundschule in Reutlingen-Altenburg. Von 1975 bis 1991 leitete er die Freie Evangelische Schule in Reutlingen als damals jüngster Rektor in Baden-Württemberg (nach Wikipedia am 2. November 2019).

[18] Ich verließ 1976 die Pädagogische Hochschule Reutlingen, so dass ich nur die ersten Jahre nach der Gründung im Jahre 1973 am Ort miterlebte. Die Hindernisse in der Vorbereitungszeit, die mehrere Jahre dauerte, bis die Gründung erfolgte, lernte ich kennen.

Vom zweiten Jahr an besuchte unsere jüngste Tochter die Schule.[19] Die belebende Wirkung einer freien Schulgemeinde, die den Lehrerinnen und Lehrern eine Gestaltung des Schullebens erlaubte, war evident. Selbst wenn man einräumt, dass den Anfängen immer ein Zauber innewohnt, setzte die Mitarbeit der Eltern an der Schule Kräfte frei. Die Zusammenarbeit von Eltern und Lehrern war verständlicherweise unter anderem spannungsreich, aber zugleich auch fruchtbar. Beide Seiten, Lehrerinnen und Lehrer und Eltern trugen Verantwortung für das Schulprofil. Lehrer, Lehrerinnen und Eltern mussten beispielsweise zusammen dafür sorgen, dass in jedem Jahr neue erste Schulklassen gebildet werden konnten.

Die Schwierigkeiten bis zur Gründung lagen nicht so sehr in den technisch notwendigen Vorbereitungen als vielmehr im damals herrschenden Zeitgeist, demgegenüber eine „freie evangelische Schule" begründet werden musste. Es ist bezeichnend, dass die Schule zwar seit 1967 hätte gegründet werden können, aber erst kurz vor dem Ablauf des letzten Termins zustande kam. Von verschiedenen Seiten blies der Wind den Schulgründern ins Gesicht und nährte dann Zweifel oder gab den Vorbereitungen Rückenwind.

Fast alle gesellschaftlichen Kräfte in Baden-Württemberg hießen die Umwandlung der Konfessionsschulen in Simultanschulen gut. Dieser Umwandlung in Reutlingen durch eine Elterninitiative auszuweichen, nur, weil das Gesetz das möglich machte, weckte Skepsis und Kopfschütteln. Das Interesse der Zeit galt damals schulpolitisch einer ganz anderen Frage.

Es ging um die Beseitigung sozialer Schranken in der Schulbildung. Die Mädchen, die Arbeiterkinder, die Kinder auf dem Lande, die Kinder aus schulfernen Milieus waren in weiterführenden Schulen unterrepräsentiert. Eine Untersuchung der Universität Konstanz hatte die vierfache Benachteiligung und die Notwendigkeit einer Emanzipation der katholischen (1) Arbeiter- (2) Tochter (3) auf dem Lande (4) erwiesen. Eine evangelische Schule, die mehr oder weniger als Ersatz der Konfessionsschule angesehen wurde, schien dieser Tendenz im Wege zu stehen.

---

[19] Die Familie zog 1977 nach Würzburg um.

Die große Politik spaltete die politisch Interessierten in der Bundesrepublik damals in Befürworter und Gegner der Ostpolitik Willy Brandts.[20]

Skeptisch oder ablehnend waren die Gewerkschaft Erziehung und Unterricht, die meisten Hochschullehrer an der PH und viele Mitglieder und Pfarrer der evangelischen Landeskirche, ferner der Reutlinger Oberbürgermeister Oskar Kalbfell und der zuständige Schulrat in Reutlingen und – das muss besonders betont werden – die meisten Lehrerinnen und Lehrer im Dienste der Staatsschulen. Sie sahen keinen Sinn in einer Schule, die nach der Aufhebung der Bekenntnisschulen im Namen wiederum das Bekenntnis „evangelisch" führte. Das „Freie" im Namen der Schule sahen sie nicht und wenn sie es sahen, konnten sie es in seiner pädagogischen Bedeutung nicht einschätzen. Dörpfeld war nur Fachpädagogen bekannt, und selbst von denen hielten nur wenige die Realisation von freien Schulen in Schulgemeinden für notwendig. Soweit die Skeptiker in die Bereitstellung der Mittel involviert waren (Stadtverwaltung, Oberschulamt, Leitung der Evangelischen Landeskirche) hielten sie sich korrekt an das Gesetz.

Der Oberkirchenrat in Stuttgart stand dem Projekt wohlwollend gegenüber, ebenso der Referent im Oberschulamt in Tübingen, der für die Gründung in Reutlingen zuständig war. Aber die evangelische Pfarrkonferenz in Reutlingen wollte in einer Anhörung unbedingt wissen, was der Gewinn einer „freien evangelischen Schule" gegenüber einer Simultanschule sein sollte. Das war die gleiche Frage, die auch die Journalisten auf einer Pressekonferenz nach der Gründung der Schule stellten. Es ist immer misslich, wenn ein Befragter seine religiöse Überzeugung ohne Not erklären und in einem guten Licht erscheinen lassen soll. Die Situation ist paradox. „Ich glaube, Herr. Hilf meinem Unglauben" befriedigt in einer Pressekonferenz nicht. Die Einseitigkeit, mit der die Ausrichtung der Freien evangelischen Schule lediglich als private Konfessionsschule unter anderen gesehen wurde, war zunächst einmal, wie jede vorgefasste Meinung, kaum zu widerlegen. Die Gründer der Schule mussten es ertragen, rückwärtsgewandt zu erscheinen. Das Zukunftsträchtige einer

---

[20] Ich leitete damals in Reutlingen eine Bürgerinitiative „Bürger für Brandt" nach dem Muster von Günter Grass.

„freien Schule" war damals in kurzen Sätzen, wie sie auf einer Pressekonferenz erwünscht sind, nicht vermittelbar.

Hinzu kam, dass es zunächst zweifelhaft schien, ob genügend Eltern sich für die Vereinsgründung interessieren und ob genügend Anmeldungen für das erste Schuljahr der neugegründeten, freien Schule erfolgen würden. Dem Aufruf zur Gründung folgten erstaunlich viele Eltern und genügend Eltern meldeten Erstklässler an. Zwei Klassen ließen sich bilden. Die Zweifel schwanden. Bei den Eltern konnte man von Anfang zwei Gruppen unterscheiden. Die eine Gruppe war in den pietistischen Glaubensgemeinden beheimatet, die in Württemberg eine lange Tradition haben. Sie reicht bis zum Neupietismus zu Beginn des 19. Jahrhunderts und noch darüber hinaus bis zur Jakob Spener und August Hermann Francke. Die zweite Gruppe ließ sich von der Ansage überzeugen, dass eine „freie Schule" entstehen sollte, frei von den Auflagen staatlicher Schulen. Die Gründung von Bürgerinitiativen lag in der Luft. Diese Eltern erhofften sich schulische Innovationen engagierter Lehrerinnen und Lehrer sowie bei der Schulleitung der neuen Schule gehört zu werden. Die Schule sollte aus der Enge staatlicher Verwaltung hinausführen, zugleich aber auch den Sinn für solide Schularbeit verbürgen.[21] Wie das Evangelische mit dem Freien zusammenhängen sollte, wurde auch von den Gründern mehr als eine Aufgabe gesehen, die erst noch gelöst werden musste.

Bei der Ausarbeitung der Satzung einigte sich die inzwischen größer gewordene Gruppe von Gründungsvätern und Gründungsmüttern auf mehrere Punkte, wie sie Friedrich Wilhelm Dörpfeld als Bedingung für eine „freie Schule in einer freien Schulgemeinde" vorgeschwebt hatten.

Durch die Gründung eines eingeschriebenen, gemeinnützigen Vereins, der weder von der staatlichen noch von der evangelisch kirchlichen Administration abhing, sondern selbstständig war, entstand in der Tat eine „Schulgemeinde" aus Lehrern, Eltern und – in diesem Fall – aus Hochschullehrern und anderen an der Schule

[21] Satzung und Selbstverständnis können im Internet eingesehen werden.

Interessierten. Das war von Anfang an ein erkennbarer Akzent, der die Ersatzschule weniger als eine „Privatschule", sondern eher als eine „Elternschule" erscheinen ließ. Dazu eine bezeichnende Begebenheit aus den Anfängen. Eltern einer der Reutlinger staatlichen Schulen meldeten ihre Sechsjährigen massenhaft ab. Was war geschehen? Die ältere Lehrerin hatte die ersten zwei Schuljahre wie eine Erbpacht Jahr für Jahr beansprucht und erhalten, sehr zum Leidwesen der Eltern. Selbst der Reutlinger Schulrat konnte gegen sie nicht ankommen. Erst als der Massenexodus der Kinder und ihrer Eltern und der Eintritt in die „Freie Evangelische Schule" möglich war und den Elternwillen sichtbar machte, konnte der Schulrat – wie er mir in einem Gespräch versicherte – eingreifen; denn die Verteilung der Lehrerinnen und Lehrer war Sache der Schule, nicht des Schulamtes, der Massenexodus aus einer staatlichen Schule dagegen schon. Der Vorfall illustriert unter anderem auch die starke Stellung der einzelnen Lehrerin und des einzelnen Lehrers in staatlichen Schulen und die schwache Stellung der Schulleitung, welche die Schule im Ganzen und damit auch das Schulleben und die Schulgestaltung zu verantworten hat.

Im Schulverein mit nicht mehr als 60 Mitgliedern waren „verschiedene berufliche und soziale Gruppen der Gesellschaft vertreten".[22] Die Satzung von 1999 wies als Zweck des Vereins dem „Evangelischen" eine dienende Funktion in der Erziehung zu.

„Die Schule soll in gemeinsamer Verantwortung von Eltern, Lehrern und Schulträger erzieherische und unterrichtliche Ansätze entwickeln, mit denen die Bedeutung des Evangeliums für das Menschsein in der Gegenwart deutlich wird."

Nach der ersten Satzung des Vereins war die Leitung der „freien Schulgemeinde" die erste Instanz der Schulaufsicht, selbstverständlich im Rahmen der Vorschriften, die sich die staatliche Schulaufsicht vorbehielt. Von Anfang an erhielten die Eltern Kompetenzen und Aufgaben in den Organen der Schulgemeinde. Die Satzung stärkte das Lehrerkollegium und die Elternvertretung, indem es die Zuwahl der Lehrer durch das Kollegium gemeinsam mit der Elternvertretung vorsah. Die

[22] Ich zitiere nach der Satzung aus dem Jahre 1999.

Satzung gab dem Schulleiter eine starke Position; denn er wurde vom Kollegium gewählt. Daraus hat sich im Laufe von rund 45 Jahren eine große Schule entwickelt, die von einer staatlichen gar nicht so entfernt ist, weil sie den Lehrerinnen und Lehrern unter dem weiten Profil „Evangelisch" viel Freiheit gewährt. Die „Freie Evangelische Schule" ist von dem Profil einer staatlichen Schule, wie es im ersten und zweiten Kapitel dargestellt worden ist, nicht weit entfernt. Die fordert von den einzelnen Lehrern keine Eingliederung in eine Gesamtkonzeption, etwa nach Peter Petersen oder nach Maria Montessori oder nach Rudolf Steiner oder nach Ellen Parkhurst. Die Freie Evangelische Schule hätte jedoch die Freiheit, das zusammen mit den Eltern zum Profil „Evangelisch" zu tun. Denn sie ist eine Eltern-Lehrer-Schule. Darauf kommt es an. Vom Landesparlament und von der Landesregierung aus gesehen, sollte nicht so sehr der Verzicht auf Zentralkompetenzen beachtet werden, sondern der Auftrag an Lehrerinnen und Lehrer und Eltern aus den Schulen Orte zu machen, an deren Verbesserung gearbeitet werden soll, dort wohin der Arm der Zentralverwaltung nie hinreicht. Das ist der Schultag, die Schulwoche, das Schuljahr mit seinen Höhepunkten und der die Eltern beschäftigenden Frage: „Geht es mit unserem Kind in der Schule gut?"

Kurz nach der Gründung der „Freien Evangelischen Schule" meldete ein Ehepaar, beide Ärzte, sechsjährige Zwillinge an, mit der Bemerkung; „Die beiden sollen auch Ärzte werden!" Über die Erwartung der Eltern kann man erschrecken. Das ist richtig; denn Lehrerinnen und Lehrer können nicht exakt sagen, wie weit ein Kind in der Schule bestehen und vielversprechend lernen wird. Eine überzogene Erwartungshaltung der Eltern setzt sowohl die Schule als auch die Kinder unter einen unheilvollen Druck. Aber zugleich kann die Schule sicher sein, Eltern gewonnen zu haben, die den Unterricht und die Erziehung der Zwillinge begleiten und verfolgen.

5.5 Warum sind „freie Schulen in freien Schulgemeinden" dringend zu wünschen?

Am Ende dieses Essays sollen noch einmal die Vorteile „freier Schulen in freien Schulgemeinden" in einer kurzen Zusammenfassung wiederholt werden.

Die pädagogischen Vorteile einer freien Schule gegenüber einer staatlichen Schule liegen auf der Hand. An erster Stelle steht die Einheit des Schulzwecks, der der Schule ein klares Profil gibt. Die grundlegende Linie, die alle Schulklassen und alle Lehrerinnen und Lehrer, aber auch die Eltern verbindet, ist vorgegeben. Eltern, die ihre Kinder anmelden, und Lehrer und Lehrerinnen, die sich um eine Stelle bewerben, wissen worauf sie sich einlassen. Das gilt auch für private Schulen, wie Montessori-Schulen, Jenaplan-Schulen, Waldorf-Schulen, Dalton-Schulen und für viele andere, die ein klares Profil haben. Das gilt viel weniger für staatliche, öffentliche Schulen, die an der überkommenen Schulkonzeption festhalten und ihre Geschichte nicht kennen und ein mehr oder weniger zufällig zusammengestelltes Schulkollegium haben.

Neue Schülerinnen und Schüler werden nicht nur von Lehrerinnen, sondern auch von den Erziehungsberechtigten außerhalb der Schulzeit empfangen. Die Gemeinsamkeit von Schule und denen, die für die Kinder die Nächsten sind, Eltern oder Alleinerziehende, wird für die Kinder immer wieder sichtbar, denn auch ihre Einbindung in die Schulaktivitäten liegt in einer freien Schule näher. Sie haben die Schule gewählt, es ist ihre Schule. Wenn die Sorgeberechtigten nicht nur beraten, sondern mitentscheiden, besteht eine große Chance, dass die Kinder nicht als Nachwuchs für die Institutionen der Gesellschaft rekrutiert werden, wie Soldaten fürs Militär, sondern Kinder ihrer Mütter und Väter bleiben, auch in der Schule. Die Schule wird ein Teil der Erziehung der Erwachsenen zuhause. Das macht die Identifikation mit der Schule für Eltern und Kinder leichter.

Die Lehrer und Lehrerinnen und die Schulleitung können durch Zuwahl ein Team bilden, das zusammenpasst, und dann ein Schulprofil erarbeiten. Ein Schulprofil ist mehr als die Addition der Schulklassen, von denen jede einen eigenen Unterrichtsstil hat. Die Freude an der Gestaltung einer Schule wird durch eine freie

Schule in einer freien Schulgemeinde freigesetzt. Wahrscheinlich unterscheiden sich die Lehrerinnen und Lehrer dadurch, dass einige die Chance zur Gestaltung ergreifen und zum Erfolg des Ganzen beitragen und dass anderen die Mitarbeit zu mühsam wird.

Die Kommune hat einen Gewinn, wenn die Eltern die Schule mit verantworten, wenn sie Sponsoren für besondere Angebote einwerben und wenn sie in der überschaubaren Schulgemeinde aktive demokratische Teilnahme einüben. Die dringende Aufgabe einer Vernetzung für die Begleitung der Schulabsolventen nach der Pflichtschule liegt hauptamtlich bei der Schule – die Vernetzung, nicht mehr. Die Kommune hat auch dadurch einen Gewinn, dass eine freie Schule um der eigenen Kinder willen wie ein Frühwarnsystem wirkt. Sich anbahnende Fehlentwicklungen können rechtzeitig mit dem Jugendamt beraten, die schwierigen Disziplin- und Rechtsfälle mit der Polizei besprochen und gegebenenfalls Amtshilfe erbeten werden.

Ein großer Gewinn für die Kommune liegt im sanften Zwang zur Zusammenarbeit von Eltern und Schule in der freien Schulgemeinde. Die Zusammensetzung der Eltern wird, ethnisch gesehen, zunehmend heterogener. Eltern verschiedener Herkunft, unterschiedlicher Religion, unterschiedlicher politischer Meinungen, unterschiedlicher Mentalitäten kommen in der Grundschule zusammen. Es wäre naiv zu glauben, die Zusammenarbeit werde immer reibungslos verlaufen. Ganz im Gegenteil, die Eltern und die Lehrer müssten lernen, tolerant mit einander umzugehen, aber – wenn notwendig – klare Ansagen zu machen. Wo, wenn nicht in der Schule soll Eltern und Kindern die Notwendigkeit aufgezeigt werden, dass eine Kultur auf Regeln beruht, von denen einige verhandelbar sind, andere dagegen nicht, und dass Regeln für jeden und jede gelten und von jedem und jeder eingehalten werden müssen. In der Bundesrepublik Deutschland ist zum Beispiel die allgemeine Wehrpflicht abgeschafft.

Die Grundschulen sind die einzige Einrichtung, in denen die Gesellschaft alle Kinder der Nation und alle sozialen Schichten erreicht. Vor 50 Jahren sagte Willy Brandt in seiner ersten Ansprache vor dem Parlament als Bundeskanzler den berühmten Satz:

„Die Schule der Nation ist die Schule." Die Bundesrepublik wolle „mehr Demokratie wagen" und traf damit eine Aufgabe, die jeder Generation neu gestellt wird. Die freien Schulen in freien Schulgemeinden können Lernorte für die Demokratie und für das Ehrenamt werden. Ohne Einübung der Demokratie in einem überschaubaren Rahmen bleibt die Forderung „die Schule der Nation ist die Schule" eine leere Phrase.

Die Schulverwaltung gewinnt durch die Anwendung des Grundsatzes der Subsidiarität. Wenn die kollegiale Beratung und Kontrolle durch das Schulprofil notwendig ist, kann die staatliche Schulaufsicht sich auf örtliche, freie Schulgemeinden stützen. Sie prüft und evaluiert selbständige Schulen. Sie kann sich auf das Ganze konzentrieren und die Aufsicht über die Klassen den freien Schulgemeinden und der horizontalen, kollegialen Kontrolle überlassen, die wesentlich sensibler reagiert als eine staatliche Aufsicht. Die Kollegen sind an der guten Arbeit in jeder Klasse schon aus Berufs- und Eigeninteresse interessiert. Dem Staat bleiben die Gesetzgebung und die Verwaltung des Schulwesens vorbehalten, die Entscheidungen über die Schulgestaltung liegen in den Händen derer, die dafür zuständig und verantwortlich sind, bei den Lehrerinnen und Lehrern, bei den Erziehungsberechtigten und bei den Kommunen.

Ein Wort zum Verhältnis von Kosten und Nutzen. Es ist bekannt, dass die Tendenz zu privaten Schulen hingeht. Diese Entwicklung des Schulwesens ist gefährlich und führt zu einer Vertiefung der gesellschaftlichen Spaltungen. Das geht gegen den Sinn der Grundschule, die ausdrücklich als Erfahrungsraum für alle Kinder gegründet worden ist. Wie wir gesehen haben, besteht der Vorteil der privaten Schulen nicht darin, dass Eltern Schulgeld zahlen und der Staat dafür etwa zehn Prozent der Kosten spart. Der Vorteil der sogenannten „privaten Schulen" besteht in erster Linie darin, dass sie sich (1) ein klares Profil geben dürfen, und dass sie die Lehrpersonen auswählen können, die zum Profil der Schule passen und (2) dass die Eltern mit Entscheidungsbefugnissen eingebunden sind.

Wenn alle sogenannten öffentlichen Schulen die Rechte der sogenannten privaten Schulen erhalten, wird der Wunsch vieler Eltern nach einer privaten Schule seltener aufkommen. Aber die Übertragung der Rechte der Privatschulen an die öffentlichen, staatlichen Schulen darf nicht unter dem Gesichtspunkt gesehen werden, dass den privaten Schulen das Wasser abgegraben werden soll. Vielmehr sollen die öffentlichen, staatlichen Schulen auf ein Niveau gehoben werden, das sich mit dem der privaten Schulen messen kann – ohne dass es den Staat viel kostet. Warum sollen den staatlichen, öffentlichen Schulen die Rechte, welche die Privatschulen haben, nicht zuerkannt werden? Das Schulwesen des Staates gewinnt durch Vielfalt, ohne dass der Staat seine Kulturhoheit verliert. Die Schulaufsicht kontrolliert die Schulen, keine Schulklassen mehr. Sie evaluiert die Schulen nach ihren Selbstverpflichtungen und nach dem Ergebnis der Schulen, nicht der einzelnen Schulklassen. Es können Versuche vorausgehen und nach Prüfungen im Stile der Pisa-Studien die Ergebnisse kontrolliert werden. In einigen europäischen Nachbarstaaten, wie in den Niederlanden, gibt es vergleichbare Schulverfassungen. Die Kollegien der Schulen, die Eltern der Kinder, die Schulleitungen und die Kommunen sind schulpolitisch längst mündiger geworden, als sie das im 18. Jahrhundert waren. Damals führten die deutschen Staaten die Schulpflicht ein und setzten sie schrittweise durch. Die Schulverwaltungen und die Parlamente in den sechzehn Bundesländern haben in der „freien Schule in der freien Schulgemeinde" nach Friedrich Wilhelm Dörpfeld einen Schatz, den sie nach 150 Jahren heben sollten.

6 Anhänge

6.1 Anhang 1 Gesetz zur Ausführung von Art. 15 Abs. 2 der Verfassung

vom 8. Februar 1967, geändert durch

Verordnung vom 19. März 1985 (GBl. S. 71); Art. 27

Verordnung vom 17. Juni 1997 (GBl. S. 278); Art. 14[23]

§ 1. (1) Eine am 31. März 1966 in Südwürttemberg-Hohenzollern als Bekenntnisschule eingerichtete öffentliche Volksschule (Grund- und Hauptschule) wird nach Art. 15 Abs. 2 der Verfassung in eine staatlich geförderte private Bekenntnisschule umgewandelt, wenn sie die für den Betrieb einer privaten Ersatzschule nach dem Privatschulrecht notwendigen Voraussetzungen erfüllt und

1. die Umwandlung beantragt wird durch die Erziehungsberechtigten von mindestens 80 Schülern, die eine von dem Schulträger getragene öffentliche Volksschule besuchen, in dessen Gebiet die Umwandlung erfolgen soll. Der Antrag kann bis 1. Juni 1973 gestellt werden; die Frist kann verlängert werden;

2. die Erziehungsberechtigten zum Besuch der privaten Bekenntnisschule mindestens so viele Schüler anmelden, daß die nach § 2 bestimmten Voraussetzungen vorliegen;

3. die private Bekenntnisschule von einer juristischen Person auf gemeinnütziger Grundlage betrieben wird und

[23] Quelle: Gesetzblatt für Baden-Württemberg 1967, S. 7.

4. im Gebiet des Schulträgers nach Nr. l der Bestand mindestens einer öffentlichen Volksschule nach den für diese allgemein geltenden Vorschriften gewährleistet bleibt.

(2) Wird nur die Umwandlung in eine private Hauptschule oder in eine private Grundschule beantragt, so genügt es, wenn

1. a) bei der Hauptschule

der Antrag von den Erziehungsberechtigten von mindestens 65,

b) bei der Grundschule

der Antrag von den Erziehungsberechtigten von mindestens 40 Schülern der entsprechenden öffentlichen Schulen gestellt wird und

2. im Gebiet des Schulträgers nach Absatz 1 Nr. l mindestens eine öffentliche Hauptschule bzw. öffentliche Grundschule nach den für diese allgemein geltenden Vorschriften gewährleistet bleibt.

Im Übrigen gelten die Voraussetzungen des Absatzes 1.

(3) Erfolgt die Umwandlung in eine private Bekenntnisschule, so gilt für die Fortführung der öffentlichen Volksschule das Gesetz zur Vereinheitlichung und Ordnung des Schulwesens (SchVOG) vom 5. Mai 1964 (GBl. S. 235).

(4) Eine nach Absatz 1 und nach Absatz 2 umgewandelte private Bekenntnisschule kann an jedem Ort im Gebiet des Schulträgers geführt werden. Ist der Schulbezirk größer als das Gebiet des Schulträgers, so ist der Schulbezirk maßgebend.

§ 2. Die Landesregierung wird ermächtigt, durch Rechtsverordnung die Mindestanforderungen für den Betrieb einer privaten Bekenntnisschule (§ 1 Abs. l Nr. 2) zu bestimmen; dabei kann eine Mindestzahl von Schülern für die Grund- bzw. Hauptschule oder Klasse festgelegt oder bestimmt werden, daß die Schüler einzelner Klassen jahrgangsweise unterrichtet werden müssen.

§ 3. (1) Der Antrag der Erziehungsberechtigten auf Umwandlung (§ 1 Abs. I Nr. I) ist bei der für die Schule zuständigen Schulaufsichtsbehörde zu stellen.

(2) Die Anmeldung der Schüler (§ 1 Abs. I Nr. 2) erfolgt bei dem privaten Schulträger.

§ 4. (1) Die obere Schulaufsichtsbehörde entscheidet über den Antrag der Erziehungsberechtigten nach § 3 Abs. I und den Antrag des privaten Schulträgers auf Genehmigung zum Betrieb der Schule. Sind die Voraussetzungen nach § 1 erfüllt, so stellt sie die Umwandlung der Schule in eine staatlich geförderte private Bekenntnisschule fest.

(2) Die staatliche Förderung wird entzogen, wenn die hierfür notwendigen Voraussetzungen über mehr als fünf Jahre nicht gewährleistet sind oder die Genehmigung nach Absatz 1 Satz 1 zu widerrufen ist.

§ 5. (1) Die staatliche Förderung für eine nach § 4 Abs. I umgewandelte private Bekenntnisschule umfaßt

1. den Ersatz der persönlichen Kosten für die in ihrem Dienst stehenden Lehrer; er wird jedoch unter Anwendung der im öffentlichen Dienst geltenden Bestimmungen höchstens für so viele Lehrer gewährt, wie an entsprechenden öffentlichen Volksschulen angestellt werden;

2. den Ersatz der laufenden notwendigen sächlichen Schulkosten;

3. den Ersatz der Kosten für die Beschaffung des von der obersten Schulaufsichtsbehörde als notwendig anerkannten Schulraums mindestens in Höhe des Betrags, den der Schulträger nach § 1 Abs. I Nr. I entsprechend den für die Gewährung von Zuschüssen zur Förderung des Schulhausbaus allgemein geltenden Vorschriften erhalten würde, und die Erstausstattung in gleicher Höhe.

(2) Der Schulraum wird im Rahmen der Richtlinien als notwendig anerkannt, die allgemein für die Gewährung von Zuschüssen zur Förderung des Schulhausbaus gelten. Die Anerkennung soll versagt werden, wenn der erforderliche Schulraum in zumutbarer Weise anders als durch die vorgesehene Maßnahme beschafft werden kann.

(3) Das Land hat Anspruch auf Wertausgleich, wenn der nach Absatz 1 geförderte Schulraum nicht mehr den Zwecken einer staatlich geförderten privaten Bekenntnisschule dient oder auf einen Schulträger nach § 6 Abs. I übertragen wird.

§ 6. (1) Gemeinden, Gemeindeverbände und Zweckverbände erhalten als Schulträger einer privaten Bekenntnisschule abweichend von § 5 Abs. I Nr. 2 und 3 nur Ersatz bis zur Höhe des Betrages, den sie als Schulträger einer entsprechenden öffentlichen Schule nach den für diese allgemein geltenden Vorschriften vom Land beanspruchen können. Das gleiche gilt für private Schulen, an deren Schulträgerschaft Gemeinden, Gemeindeverbände und Zweckverbände beteiligt sind, entsprechend dem Maß ihrer finanziellen Beteiligung.

(2) Soweit nicht Abs. I Anwendung findet, haben die Träger öffentlicher Volksschulen, aus deren Schulbezirken mindestens 10 Schüler eine private Bekenntnisschule besuchen,

1. dem Land je Schüler die Hälfte des für einen Schüler einer öffentlichen Volksschule zuletzt ermittelten jährlichen Landesdurchschnitts der laufenden sächlichen Schulkosten zu erstatten. Stichtag für den Erstattungsanspruch ist der für die Schulstatistik maßgebende Tag des laufenden Schuljahres,

2. der privaten Bekenntnisschule den für den Unterricht einer öffentlichen Volksschule vorhandenen und geeigneten aber wegen des Bestehens einer privaten Bekenntnisschule nicht erforderlichen Schulraum unentgeltlich zum Gebrauch zu überlassen; das gleiche gilt für die Ausstattung.

§ 7. (1) Erziehungsberechtigter im Sinne dieses Gesetzes ist, wem die Sorge für die Person des Kindes zusteht bzw. wem die Pflege des Kindes vom Amtsvormund oder Vereinsvormund übertragen worden ist.

(2) Besteht zwischen den Erziehungsberechtigten keine Einigung, so sind die Vorschriften des Gesetzes über die religiöse Kindererziehung vom 15. Juli 1921 (RGBl. I S. 939) entsprechend anzuwenden.

§ 8. (1) Lehrer an öffentlichen Schulen können auf ihren Antrag zur Dienstleistung an einer privaten Bekenntnisschule beurlaubt werden. Die Vorschriften des § 71 Abs. 2 des Gesetzes zur Vereinheitlichung und Ordnung des Schulwesens (SchVOG) vom 5. Mai 1964 (GBl. S. 235) gelten entsprechend.

(2) Für die ständigen wissenschaftlichen und technischen Lehrer an privaten Bekenntnisschulen, welche die im öffentlichen Schuldienst für die Übernahme ins Beamtenverhältnis auf Lebenszeit gestellten Voraussetzungen erfüllen, gelten die Vorschriften des § 72 des Gesetzes zur Vereinheitlichung und Ordnung des Schulwesens (SchVOG) vom 5. Mai 1964 (GBl. S. 235) entsprechend.

§ 9. Die Verwaltungsvorschriften zur Durchführung dieses Gesetzes erlässt das Kultusministerium soweit erforderlich im Benehmen mit dem jeweils beteiligten Ministerium.

Durch Verordnung vom 19. März 1985 wurde im § 9 das Wort "Kultusministerium" ersetzt durch: "Ministerium für Kultus und Sport".

Durch Verordnung vom 17. Juni 1997 wurden im § 9 die Worte "Ministerium für Kultus und Sport" ersetzt durch: "Kultusministerium".

in Kraft getreten am 10. Februar 1967; wurde verkündet als Artikel II. des Gesetzes zur Änderung der Verfassung des Landes Baden-Württemberg und zur Ausführung des Art. 15 der Verfassung.

Stuttgart, den 8. Februar 1967

6.2 Anhang 2 Satzung des Vereins „Freie Evangelische Schule Reutlingen e.V." (1990)[24]

§ 1 Name, Sitz

Der Verein führt den Namen "Freie Evangelische Schule Reutlingen". Er soll in das Vereinsregister eingetragen werden. Er hat seinen Sitz in Reutlingen.

§ 2 Aufgabe

(1) Der Verein gründet – entsprechend dem Gesetz zur Änderung der Verfassung des Landes Baden-Württemberg und zur Ausführung von Artikel 15 Absatz 2 der Verfassung vom 8. Februar 1967 – eine Freie Evangelische Schule in Reutlingen und übernimmt deren Trägerschaft.

(2) Die Schule soll in gemeinsamer Verantwortung von Eltern, Lehrern und Schulträger erzieherische und unterrichtliche Ansätze entwickeln, mit denen die Bedeutung des Evangeliums für das Menschsein in der Gegenwart deutlich wird.

(3) Der Verein verfolgt ausschließlich und unmittelbar gemeinnützige Zwecke im Sinne der Bestimmungen des Abschnitts „steuerbegünstigte Zwecke" der Abgabenordnung 1977 und der dazu geltenden weiteren Bestimmungen. Der dient nicht eigenwirtschaftlichen Zwecken und arbeitet selbstlos im Sinne der AO 1977.

(4) Etwaige Gewinne dürfen nur für die satzungsmäßigen Zwecke verwendet werden. Mitglieder erhalten keine Gewinnanteile und in ihrer Eigenschaft als Mitglieder auch keine sonstigen Zuwendungen aus Mitteln des Vereins.

---

[24] Eine Satzung der Freien Evangelischen Schule Reutlingen e.V. vom 18. März 2019 ist im Internet einsehbar [Anm.d.Hrsg.].

§ 3 Geschäftsjahr

Das Geschäftsjahr ist das Kalenderjahr.

§ 4 Mitglieder

(1) Natürliche oder juristische Personen können Mitglieder des Vereins werden, wenn sie die Aufgabe des Vereins (§ 2) bejahen und bereit sind, diese zu fördern. Über die Aufnahme entscheidet der Verwaltungsrat (§ 7). Die Zahl der Mitglieder ist auf 60 begrenzt. Davon dürfen höchstens 1/5 Lehrer der Freien Evangelischen Schule sein, die Schuleltern sollen 1/5 der Mitglieder stellen. Endet ihre Funktion als Lehrer bzw. Schuleltern der Freien Evangelischen Schule, so scheiden sie aus dem Verein aus. Bestand vor der Funktionsmitgliedschaft bereits eine persönliche Mitgliedschaft, so bleibt diese nach dem Ausscheiden als Funktionsmitglied unberührt. Der Verwaltungsrat kann ausgeschiedene Funktionsmitglieder als persönliche Mitglieder in den Verein aufnehmen. Bei der Zusammensetzung des Vereins ist darauf zu achten, dass verschiedene berufliche und soziale Gruppen der Gesellschaft vertreten sind (vgl. § 6, 2).

(2) Die Mitgliedsbeiträge werden auf Vorschlag des Verwaltungsrates von der Mitgliederversammlung (§ 6) festgesetzt. Zur Finanzierung derjenigen Kosten des Vereins, die vom Land nicht ersetzt werden, kann der Verwaltungsrat einen von allen Schuleltern zu bezahlenden Mindestbeitrag beschließen.

(3) Der Austritt aus dem Verein ist auf das Ende des Geschäftsjahres möglich. Er ist dem Vorstand (§ 8) schriftlich mitzuteilen.

(4) Ein Mitglied, das beharrlich seine Mitgliedschaftspflichten versäumt oder der Aufgabe des Vereins zuwiderhandelt, kann durch den Verwaltungsrat aus dem Verein ausgeschlossen werden. Der Beschluss bedarf einer Mehrheit von Zweidritteln der anwesenden Mitglieder des Verwaltungsrates.

(5) Kein ausgeschiedenes Mitglied hat einen Anspruch an das Vereinsvermögen.

§ 5 Organe

Organe des Vereins sind:

Die Mitgliederversammlung,

der Verwaltungsrat,

der Vorstand.

§ 6 Mitgliederversammlung

Aufgaben der Mitgliederversammlung sind im Besonderen:

(1) a) Beschlüsse nach Maßgabe der Satzung in den Fällen § 4 Absatz 2 (Mitgliederbeitrag), § 8 (Vorstandswahl), § 12 (Satzungsänderung), § 13 (Auflösung) zu fassen. b) den Rechenschaftsbericht des Vereinsvorsitzenden über die Tätigkeit von Vorstand und Verwaltungsrat sowie den Jahresbericht des Schulleiters entgegenzunehmen und zu beraten, c) über Vorlagen des Vorstandes zu beschließen, im Besonderen den Haushaltsplan festzustellen, d) die geprüfte Jahresrechnung abzunehmen sowie über die über die Entlastung des Vorstandes und des Verwaltungsrates zu beschließen.

(2) Es wird angestrebt, daß in der Mitgliederversammlung folgende Institutionen vertreten sind: Die evangelische Landeskirche, die Stadt Reutlingen und die staatliche Schulverwaltung. Soweit diese nicht durch persönliche Mitglieder im Verein repräsentiert sind, sollten von ihnen je ein Vertreter zur Mitgliederversammlung mit beratender Stimme eingeladen werden. Die Lehrer und Mitglieder des Elternbeirates werden, soweit sie nicht Mitglieder des Vereins sind, mit beratender Stimme zur Mitgliederversammlung eingeladen. Der Vorstand kann zur Mitgliederversammlung Sachverständige einladen.

(3) In der Mitgliederversammlung hat jedes Mitglied eine Stimme. Die Mitgliederversammlung ist, soweit in der Satzung nichts anderes bestimmt ist, beschlussfähig, wenn mehr als die Hälfte der Mitglieder anwesend ist. Soweit in der Satzung nichts anderes bestimmt ist, werden Beschlüsse mit einfacher Mehrheit gefasst. Stimmenthaltungen werden nicht gezählt. Bei Stimmengleichheit kommt kein Beschluss zustande.

(4) Über die Verhandlungen wird eine Niederschrift gefertigt, die vom Vorsitzenden der Mitgliederversammlung und vom Protokollführer, den der Vorstand bestimmt, zu unterzeichnen ist.

(5) Die Mitgliederversammlung wird vom Vorsitzenden des Vorstandes oder bei seiner Verhinderung von einem seiner Stellvertreter mindestens einmal jährlich einberufen. Dieses soll in der Regel innerhalb der ersten sechs Monate jedes Geschäftsjahres geschehen. Die Mitgliederversammlung muß so bald als möglich einberufen werden, wenn dies von einem Drittel der Mitglieder oder vom Verwaltungsrat unter Angabe der Gründe verlangt wird, die Einladung ergeht schriftlich. Die Einladungsschreiben müssen die Tagesordnung enthalten und mindestens zwei Wochen vor dem Termin der Mitgliederversammlung ausgegeben werden. Der Vorsitzende des Vorstandes oder einer seiner Stellvertreter leitet die Mitgliederversammlung.

(6) Anträge zur Erweiterung der Tagesordnung sind dem Vorsitzenden mindestens vier Tage vor dem Termin der Mitgliederversammlung schriftlich mitzuteilen und zu begründen. In der Mitgliederversammlung können Anträge zur Erweiterung der Tagesordnung nur mit Zustimmung des Verwaltungsrates zugelassen werden.

§ 7 Verwaltungsrat

(1) Der Verwaltungsrat beschließt über alle Angelegenheiten des Vereins, soweit sie nach der Satzung nicht der Mitgliederversammlung oder dem Vorstand vorbehalten sind.

(2) Zu den Aufgaben des Verwaltungsrats gehört im Besonderen:

a) Im Benehmen mit der Mitgliederversammlung eine Ordnung für die Besetzung der Lehrerstellen bei der Freien Evangelischen Schule zu beschließen, wobei in dieser Ordnung eine Mitwirkung der Lehrer und einer Elternvertretung vorzusehen ist,

b) gemeinsam mit den Lehrern der Schule und im Benehmen mit der MitgliederversammlungRichtlinien zu beschließen, welche die Zusammenarbeit derer regeln, die für die Durchführung der Aufgabe der Schule mit verantwortlich sind,

c) den jährlichen Haushaltsplan des Vereins als Vorschlag an die Mitgliederversammlung zu beschließen,

d) die geprüfte Jahresrechnung der Mitgliederversammlung vorzulegen,

e) die Aufsicht über die Schule zu führen, soweit sie nicht staatlichen Stellen vorbehalten ist,

f) die dienstrechtlichen Verhältnisse der Lehrer und der anderen Mitarbeiter der Schule zu ordnen,

g) für die Pflege der Beziehungen nach außen, insbesondere zu den Freunden der Schule, zu sorgen.

(3) Dem Verwaltungsrat gehören mindestens 9 Personen an und zwar:

a) 3 Mitglieder des Vereins: Der Vorsitzende des Vorstandes kraft Amtes und 2 weitere Mitglieder des Vereins, die von der Mitgliederversammlung gewählt werden.

b) 3 Lehrer der Freien Evangelischen Schule; der Schulleiter kraft Amtes, die übrigen werden vom Lehrerkollegium gewählt,

c) 3 Eltern von Schülern der Freien Evangelischen Schule: Der Vorsitzende des Elternbeirats kraft Amtes; jedes Jahr wird durch den Elternbeirat ein Vertreter aus der Elternschaft für die Dauer von 2 Jahren gewählt. Wiederwahl ist möglich.

d) Der Verwaltungsrat kann bis zu vier weitere Personen zuwählen. Die Zusatzwahl erfolgt mit 3/4 Mehrheit.

e) Der Vorsitzende des Vorstandes hat den Vorsitz im Verwaltungsrat.

f) Die Mitglieder des Verwaltungsrats sind kraft Amtes Mitglieder des Vereins.

(4) Die Amtsdauer der Mitglieder des Verwaltungsrates beträgt 3 Jahre, ausgenommen die Mitglieder nach § 7 (3) c). Wiederwahl ist zulässig. Endet bei einem Mitglied des Verwaltungsrates die Funktion, die Anlaß seiner Mitgliedschaft im Verwaltungsrat war, so scheidet dieses Mitglied aus dem Verwaltungsrat aus und es wird für den Rest der Amtsdauer des Verwaltungsrates nach Absatz 3 ein Nachfolger bestellt. Die Mitglieder des Verwaltungsrates führen nach Ablauf bzw. Beendigung der Amtsdauer ihr Amt weiter bis zur Amtsübernahme der neu bestellten Mitglieder.

(5) Der Verwaltungsrat ist, soweit in der Satzung nichts anderes bestimmt ist, beschlussfähig, wenn mehr als die Hälfte seiner Mitglieder anwesend ist. Soweit in der Satzung nichts anderes bestimmt ist, werden Beschlüsse mit einfacher Mehrheit gefasst. Stimmenthaltungen werden nicht gezählt. Bei Stimmengleichheit kommt kein Beschluss zustande.

(6) Über die Verhandlungen wird eine Niederschrift gefertigt, die vom Vorsitzenden der Sitzung und vom Protokollführer, den der Verwaltungsrat bestimmt, zu unterzeichnen ist. Die Mitglieder des Verwaltungsrates erhalten eine Abschrift.

(7) Der Verwaltungsrat wird vom Vorsitzenden des Vorstandes oder bei seiner Verhinderung von einem seiner Stellvertreter nach Bedarf zu einer Sitzung einberufen. Er muß von ihm so bald als möglich einberufen werden, wenn dies von wenigstens drei seiner Mitglieder unter Angabe der Gründe verlangt wird. Die Einladung ergeht schriftlich. Die Einladungsschreiben müssen die Tagesordnung enthalten und mindestens 4 Tage vor dem Termin der Sitzung ausgegeben werden. Der Vorsitzende des Vorstandes oder ein von ihm beauftragtes Mitglied des Verwaltungsrats leitet die Sitzung.

(8) Der Vorstand kann zur Sitzung des Verwaltungsrats Sachverständige zur Beratung einladen.

(9) Der Verwaltungsrat kann der Mitgliederversammlung das Amt eines Ehrenvorsitzenden vorschlagen. Der Ehrenvorsitzende ist Mitglied des Verwaltungsrates unbeschadet § 7, Absatz d).

§ 8 Vorstand

(1) Der Vorsitzende des Vereins und seine beiden Stellvertreter bilden den Vorstand.

(2) Der Vorsitzende wird auf Vorschlag des Verwaltungsrates von der Mitgliederversammlung gewählt. Seine beiden Stellvertreter werden vom Verwaltungsrat aus dessen Mitte gewählt. Für ihre Amtsdauer gilt § 7 Abs. 4.

(3) Der Vorsitzende des Vorstands und einer seiner Stellvertreter oder die beiden Stellvertreter vertreten den Verein gerichtlich und außergerichtlich (§ 26 BGB).

(4) Der Vorstand nimmt die ihm nach der Satzung zukommenden Aufgaben wahr, er sorgt für die Vorbereitung der Sitzungen der Mitgliederversammlung und des Verwaltungsrats, sowie für die Durchführung ihrer Beschlüsse.

§ 9 Schulleiter

(1) Der Schulleiter hat die Schule im Sinne der Vereinsaufgabe (§ 2) und nach den Richtlinien (§7 Absatz 2, b) in Zusammenarbeit mit dem Lehrerkollegium selbständig zu leiten. Er achtet auf die Verbindung der Schule zu den Organen des Vereins und zu den Freunden der Schule,

(2) Der Schulleiter und die Konrektoren werden auf Vorschlag des Lehrerkollegiums vom Verwaltungsrat für die Dauer von vier Jahren gewählt. Wiederwahl ist möglich.

§ 10 Elternversammlungen

(1) Eine Elternversammlung kann vom Elternbeiratsvorsitzenden, vom Vorstand oder vom Schulleiter in gegenseitigem Einvernehmen einberufen werden. Sie muss einberufen werden, wenn die Hälfte des Elternbeirats, des Verwaltungsrats oder des Lehrerkollegiums dies unter Angabe der Gründe verlangt. Im Konfliktfall entscheidet der Verwaltungsrat.

(2) Eine Klassenelternversammlung kann von den gewählten Elternvertretern einer Klasse oder vom Klassenlehrer im gegenseitigen Einvernehmen einberufen werden. Dasselbe gilt für die Eltern einer Klassenstufe. Im Konfliktfall entscheidet der Vorsitzende.

(3) Die Elternversammlung jeder Klasse wählt aus ihrer Mitte zwei Vertreter. Die Elternvertreter aller Klassen bilden den Elternbeirat der Schule. Dieser wählt aus seiner Mitte den Vorsitzenden und zwei Stellvertreter.

(4) Elternversammlungen haben beratende Funktion.

§ 11 Finanzen, Gemeinnützigkeit

(1) Zur Finanzierung der Aufgabe des Vereins dienen die staatlichen Ersatzleistungen nach § 5 des Gesetzes zur Ausführung von Artikel 15 Absatz 2 der Verfassung des Landes Baden-Württemberg vom 8. Februar 1967 sowie Beiträge und Spenden der Mitglieder und Freunde.

(2) Sämtliche Vermögenswerte und Geldmittel des Vereins sind für die gemeinnützigen Zwecke des Vereins gebunden und dürfen nur für diese verwendet werden. Es darf keine Person durch Ausgaben, die dem Zweck der Körperschaft fremd sind, oder durch unverhältnismäßige Vergütungen begünstigt werden.

§ 12 Satzungsänderung

Die Satzung kann unter Wahrnehmung der Gemeinnützigkeit des Vereins auf Vorschlag des Verwaltungsrates von der Mitgliederversammlung geändert werden. Der Beschluss des Verwaltungsrates bedarf einer Mehrheit von Zweidritteln seiner Mitglieder, der Beschluss der Mitgliederversammlung einer Mehrheit von Zweidritteln bei Anwesenheit von mindestens Zweidritteln der Mitglieder.

§ 13 Auflösung

(1) Der Verein kann auf Vorschlag des Verwaltungsrates durch Beschluss der Mitgliederversammlung aufgelöst werden. § 12, Satz 2 gilt entsprechend.

(2) Bei Auflösung oder Aufhebung des Vereins oder bei Wegfall seines bisherigen Zwecks, fällt das nach Tilgung der Verbindlichkeit verbleibende Vermögen an die Evangelische Landeskirche in Württemberg mit der Auflage, es ausschließlich und unmittelbar für gemeinnützige kirchliche Zwecke zu verwenden, die dem Zweck des Vereins vergleichbar sind.

Diese Satzung wurde in der vorliegenden Form am 18. Juni 1990 von der Mitgliederversammlung beschlossen.

7 Literaturverzeichnis

Beeck, Karl-Hermann (1975): Friedrich Wilhelm Dörpfeld – Anpassung im Zwiespalt. Luchterhand Neuwied und Berlin.

Bildungsbericht der Bundesregierung (2018) ist im Internet zugänglich. Die Zahlen sind dem Tabellenanhang S. 265 und 266 entnommen.

Bloth, Hugo Gotthard (1972): Pädagoge im Vorfeld der Revolution. Johann Friedrich Hähn (1710-1789) und die Einführung des Curriculum Scholasticum. Schöning Paderborn.

Carnap, Anne (1903): Friedrich Wilhelm Dörpfeld: Aus seinem Leben und Wirken. Bertelsmann Verlag Gütersloh.

Comenius, Johann Amos (1954): Große Didaktik. In neuer Übersetzung herausgegeben von Andreas Flitner. Verlag Helmut Küpper Düsseldorf und München.

Darwin, Charles (1859): Die Entstehung der Arten.

Dobbins, Michael und Rita Nikolai (2019): Der Einfluss von Lehrkräfteverbänden in der Steuerung von Schulsystemen. Deutschland und Frankreich im Vergleich. In: Z. f. Päd. 65 (2019), S. 564-583.

Dörpfeld, Friedrich Wilhelm (1898): Gesammelte Schriften. In 12 Bänden. Bertelsmann Verlag Gütersloh.

Gehlen, Arnold (1986): Urmensch und Spätkultur. Philosophische Ergebnisse und Aussagen. Aula-Verlag Wiesbaden.

Goebel, Klaus (1976): Dein dankbarer und getreuer F. W. Dörpfeld. Gesamtausgabe der Briefe Friedrich Wilhelm Dörpfelds (1824-1953) mit Erläuterungen und Bilddokumenten. Hans Meyer Verlag Wuppertal.

Haar, Wilhelm auf der (1917): Dörpfelds Theorie der Schulverfassung: historisch und kritisch beleuchtet mit Beziehung auf L. von Stein, Gneist und Natorp.

Kerschensteiner, Georg (1912/2002): Der Begriff der Arbeitsschule. Wissenschaftliche Buchgesellschaft, Darmstadt.

Möckel, Andreas: Pädagogisches Heilen bei sozialen Benachteiligungen, In: Behinderte Menschen. 4/5 (2019), S. 3-8.

Pestalozzi, Johann Jakob (1781-1787): Lienhart und Gertrud.

Pestalozzi, Johann Jakob (1801): Wie Gertrud ihre Kinder lehrt.

Schleiermacher, Friedrich (1826): Vorlesungen aus dem Jahre 1826. In: Friedrich Schleiermacher. Pädagogische Schriften. Hrsg. von Theodor Schulze und Erich Weniger. Verlag Helmut Küpper vormals Georg Bondi 1957, S. 1-370.

Spener, Philipp Jacob (1657/1964): Pia desideria. Programm des Pietismus. In neuer Bearbeitung und hrsg. von Erich Beyreuther. Aussaat Verlag Wuppertal.